自分の中の「親」を浄化する本

親子呪縛を今こそ、解き放つ——

A book that
purifies the “Parent” in you

原田真裕美
Mayumi Harada

青春出版社

自分の中の「親」を浄化すると
あなたの人生の新しい舞台がひらけます。
自分の中の「親」を浄化すると
自分の未来が浄化されるのです。

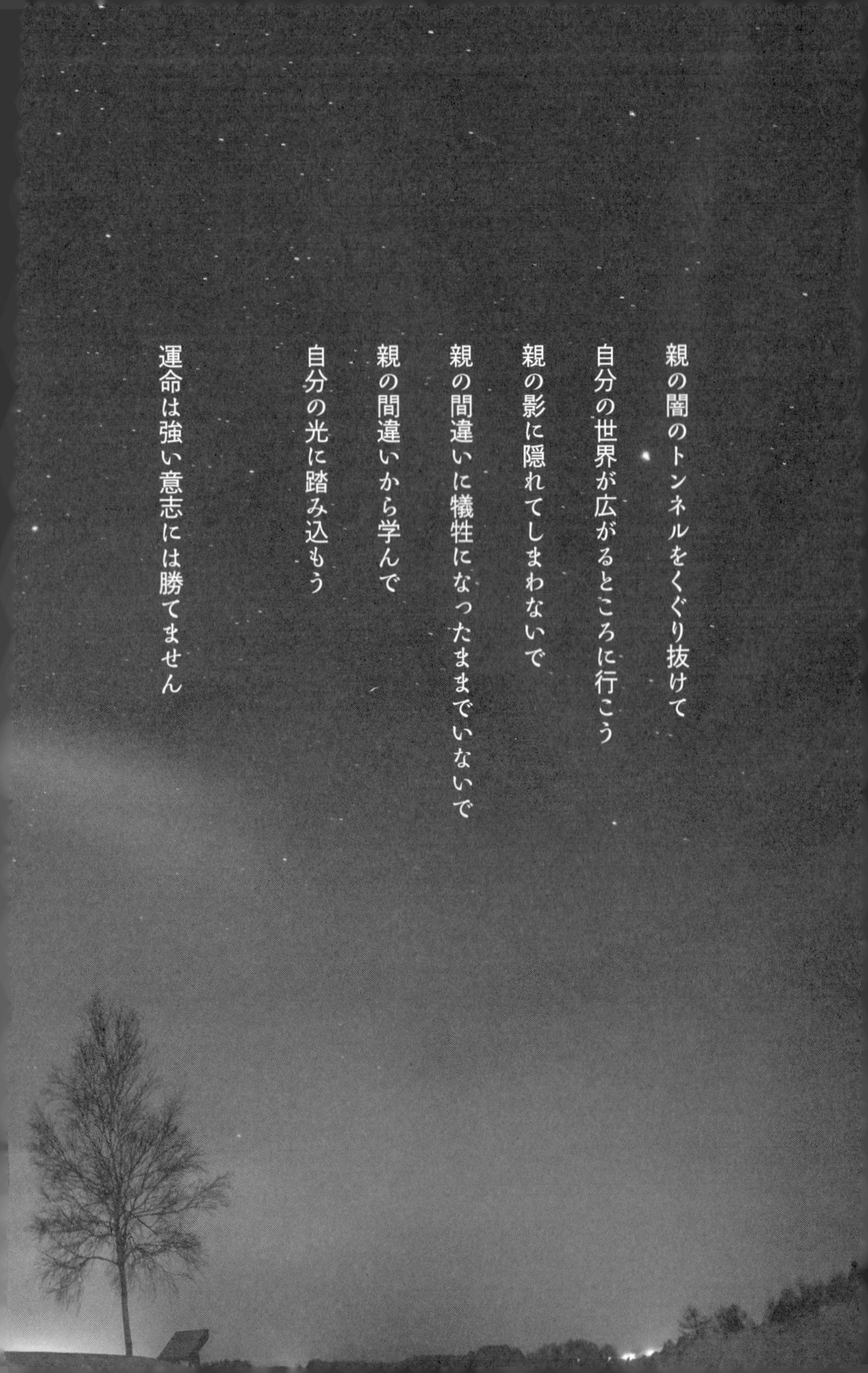

親の闇のトンネルをくぐり抜けて
自分の世界が広がるところに行こう
親の影に隠れてしまわないで
親の間違いに犠牲になったままでいないで
親の間違いから学んで
自分の光に踏み込もう
運命は強い意志には勝てません

自分の中の「親」を浄化する

親の毒を抜き、胸に突き刺さった言葉の棘《とげ》を抜く

怒りの種を捨てて、重苦しさを払いのける

親が知らずに施錠した鍵を取り払って

親に閉ざされた可能性の扉を開ける

新しく本当の自分を生きるために——

はじめに…親子の関係は人生最大の課題です

私たちが人生で抱えるほとんどの問題、そして社会のほとんどの問題は、親との関係が原因であると言えるでしょう。

私たちは生まれてから少なくとも15年くらいは、親または親代わりの人のすべてを吸収しながら自分の土台を作ります。子どもにとって家庭とは、自分が属する世界のすべてですから、良い部分も悪い部分もひっくるめて、それが当たり前になってしまいます。当然のごとく毎日の生活の中で、親の習慣がそのまま自分の身につく。そうやって親から受けついだものが、私たちを苦しめることがあります。

親のことで苦しまないで欲しい。自分の人生を生きて欲しい。

親子呪縛について書き始めてから、もう何年も経ちます。デビュー作の『自分のまわりにいいことがいっぱい起こる本』で、ネガティブに影響する親子関係を「親子呪縛」と称してから、いつかこれを浄化する本を書きたいと思ってきました。

私は30年以上、ニューヨークを拠点にサイキック・リーディング（私は魂リーディングと呼んでいます）をしてきて、人種や年齢、性別を問わず、たくさんの方々の魂と人生を観てきました。人の言動には親の影響が土台にあって、それがその人の人生を創っていると言えるほど、親子関係が人生に及ぼす影響の大きさを痛感するのです。

その中でも特に、ネガティブな親子関係が人生の妨げになっているのに気がついていても、何も対応できないまま、いつまでも引きずっている人がとても多いのが気になります。

ニューヨークには、親の悪い影響を避けて逃げてきたのに、それに罪悪感を覚えている人も多く、人生が歪む原因の中に、「親の闇」を背負っていることが確かにあることを目の当たりにして、これについて書くことは、自分の使命だと感じるようになりました。

魂リーディングを繰り返しても、親子呪縛を浄化しないままだと、親に反対されたことや、親に理解してもらえなかったことに立ち向かうときに、それが邪魔になります。

クリエイティブなキャリアを目指したかったのに、安定した職業を選ぶことしか許されなかった。セクシャリティーを理解してもらえなかった。ファッションを勉強したかったのに、ビジネスを専攻しないと学費を出さないと言われた。アートをやりたかったのに、勉強以外のことはすべて禁止され、イラストを描くことすら理解してもらえなかった。芸能界を目指したかったのに許してもらえなかった。医療関係者の家系なのに医者にならなかったから、いつまでたっても自分が選んだ道を認めてもらえない。逆に、コンサート・ピアニストになるように期待されて、それが苦しくて逃げたら親に落胆された……など、親がいいと思ったことが、子にネガティブに影響する例は色々あります。

親の希望を優先した道を選ぶと、「自分で選んだ人生を生きる」ということや、「自分が選んだアイデンティティーを確立する」ということについて考えるチャンスがないまま、後になって、「自分の人生、これで良かったのだろうか？」と思うことがあるでしょう。これは人生のいつかのタイミングで、誰もがぶつかる課題だと思います。

「何のために生まれてきたのだろう」

「自分が今やっていることは、自分が望むことなのだろうか」

そう感じることが、誰にでもあるはずです。

自分で選んだ道を歩んでいても、「親の言う通りの道を選んだほうが、良かったのではないか」そう考えることもあるかもしれません。

人は魂的に望む人生を生きているか、魂的に満たされる生き方をしているかを確認したくなるものなのです。魂的に何かがズレていると、人生の軌道修正がしたくなる時期が必ずきます。

親に反対された道を進み続けて、絶大な反骨精神で大成功しても、親が望んだ道を歩まなかったことを、申し訳なく思う人もいます。そして、どんなに子が成功しても、頑《かたく》なにそれを認めない親もいます。

親子呪縛にずっと苦しめられていると自覚していても、人は本能的に自分に命をくれた親を愛するものですし、親を愛せるようになりたいと願うものです。

「ひどい親だ」「親はわかってくれない」と思っても、親なしには自分の存在はあり得ない。だから親には感謝すべきで、感謝できない自分が間違っている。そう自分を責める人もいます。親を責めることに、申し訳ない気持ちや罪悪感が出てきて、いつも親に苦労させられた話ばかりしているわりには、親が悪いとは思わない人もいます。

親とのネガティブな関係は自分の宿命。そんな星の下に生まれてきたのは仕方ない、とコンプレックスとして抱え込んでしまう。何か大きな決断をするときに、親に理解してもらえなさそうだと、面倒くさいので親に合わせるふりをする。ゲイであることを親に言えずに、異性と偽装結婚しようとする人がいる。国際結婚に反対して絶縁する親子がいる。国籍どころか、子の結婚相手の家柄が気に入らないといって、親子が絶縁することもあれば、親の機嫌を損ねると、名誉を傷つけたと殺されてしまう、そんな風習がある国もあります。

親子呪縛が複雑なのは、親が良いと信じきっていることが、子にネガティブな影響を与えることがあるところです。

親が子の将来のためを思って、お受験やお稽古ごとで無理強いしすぎた結果、「家庭内親子絶縁」になってしまうこともあります。失敗しないように守ろうとした結果、子がまったく冒険できなくなることもあります。これらは、子どもの可能性に親が施錠してしまっているのです。

この本は読者の皆さんが、読み進むうちに気持ちが軽くなって、親や子に対する気持ちが浄化されていくように、そう願って書きました。２０２０年、COVID-19のパンデミックで自粛生活に突入してから、世の中は地球規模で浄化作業が始まっています。こんな今だからこそ、親子呪縛の浄化について読者の皆さんと考えたい。そういう気持ちが強くなりました。たくさんの犠牲を払って、地球規模で浄化されるべきことが、表面化している。そんな現象が一気に現れている今、新しい時代に合わせて、どんどん適応できるようにするために、日々激変していくこの時代を、幸せに生きていけるようになるために、親子呪縛から解放されて欲しいのです。

前例のない状況を生き抜いていかなければならないとき、自分の限界と向き合うとき、幼少の頃に親に言われて、自分には無理だと思い込んでいることが妨げになっていないか、チェックして、まずはそれを取り除いて欲しいのです。

私たちにあるのは、戻れる過去ではなくて、新しい未来です。未来を作っていくしかない状態にあるのだと思います。少なくとも、自分の中での価値観がシフトした感じがしている人が多いと思います。

誰にでも親子呪縛は必ず発生します。それにネガティブに影響されない自分でいること、それをきっかけにポジティブに自分が進化していけること、親子呪縛の原因を知って、それを乗り越えることで、真から親に感謝できるようになるのでしょう。

自分の存在に自分が感謝できなければ、親に感謝できないと思うのです。この世に生まれてきたことでもらった可能性を活かせることが、人の究極の幸せだと思います。

私たちの人生には、幸せになるために、魂的に乗り越えるべき課題が、いつも発生しています。純度の高い幸せを手にするために、その課題が、最も身近な親子関係の中で出てくることがあります。私たちが親子関係の中で学ぶべきものは何なのか？身近で最も深く影響してしまう、この関係性の中で、縛られてきた呪縛を解き放ち、魂レベルを上げ、幸福純度を高めるヒントに本書がなれば嬉しいです。

親子呪縛を浄化し、親の闇に影響されない、独自の魂を磨き上げる。親子の問題は一生をかけても浄化できるかどうかわからないくらい難しい課題です。けれど、それを乗り越えたとき、生きていく上で、たいていの問題が難なく解決できるようになるくらい、人間として成長できるはずです。そのとき、私たちの魂は飛躍的にレベルアップし、究極の幸せへと近づけるのです。親に与えられる問題は、自分にとって人生の究極の課題ですから――。

２０２０年　　原田真裕美

目次

1章

親子呪縛で施錠されたものに気づいてください

——生きづらさは、あなたのせいではありません

2章

恋愛・結婚／お金／仕事／家族関係／人間関係

親子呪縛を浄化していきます

――闇の世界から光の世界へ踏み出そう

コラム　本音とタテマエのどちらを優先するか　121

3章

子育てするときに気を付けたい親子呪縛

――そして、自分が親になったら、どうしますか？

4章 「自分を完成させる」という究極の幸せ
――親子呪縛が解けたとき、この人生の意味を知る

本文デザイン　浦郷和美
本文ＤＴＰ　森の印刷屋
校正　鷗来堂

序　章

なぜ、その親のもとに生まれてきたのでしょうか

～親子呪縛を浄化すると、すべてが変わる～

前世で今の親とどのくらい関係があったのか、なかったのか。親を選んで生まれてきたのか？　その親のもとに生まれてきた自分の人生を、どう生きるべきか、ご先祖様から受け継いだ才能と、前世での経験が、今世で開花させられるような人生を生きるために何ができるかを考えることは、未来につながっていきます。

私たちは親を選んで生まれてきたのでしょうか？

自分と親の関係を考えるとき、なぜその親の子に生まれたのか、自分はその親を選んで生まれてきたのだろうか？　と考えることがあるでしょうか。

自分はこの親を選んで生まれてきたと思える人もいれば、そうでない人もいると思います。

魂がこの世に生を受けるために戻ってくるときというのは、飛行機に乗るようなもので、たとえ行き先は選べたとしても、どの飛行機に乗るかとか、機体の状態までは選べない、そんな感じじゃないかというのが私の考えです。

ただ、私たちが、その親に肉体をもらってこの世に生まれてきた、という事実からは逃げられません。兄弟姉妹は同じ親に身体をもらって、同じＤＮＡを受け継いでいますが、その肉体に宿る魂は別々の時代、場所からやってきているのではないかというのが、私が30年以上にわたってリーディングを重ねて感じることです。

兄弟姉妹の魂が別々の時代からやってきた、そう感じる理由は、血がつながっていても、好み、個性、才能、志などが全く異なっていて、それが前世の影響があるかもしれないと思うことがあるからです。魂リーディングで観ると、ひとりはイタリアの影響が強い、もうひとりは日本の江戸時代から抜け出てきたような人だ、もうひとりは中国にすごく懐かしさを感じ、中国語をあっさり習得した、そんな例がよくあるのです。

魂リーディングでは、前世の経験からきていると思われる嗜好や愛着、恐怖心や行動思考パターンなどが観えてきます。これは今世で生まれ育った背景とは関係なく、親の影響とはまた別の、その人特有の本質で、家族のメンバーのそれぞれの個性に影響します。性格や好みは違っても、どの人にも共通しているのは、「また生きたい」という意志があって生まれてきているように思われるところです。

そこで「この親のもとに生まれたい」と思って戻ってきたかどうか、そうやって選んで戻ってこられるのかどうかは、実際のところわかりません。というのも、選べるんだったら、こんな親は選ばなかったでしょう、というケースがたくさんあるからです。

だから、親を選ぶことはできないのではないかと私は考えます。でも、生まれた環境のもとで学ぶべきこと、魂の成長のために必要な課題というのは確かにあるのです。

私は輪廻を信じていますが、前世も実質的に存在しているかどうかは証明できないので、本当にあるかないか、と言われると、コンセプトとしてありますよ、とお答えしています。

とはいえ、これらはすべて仮定的なコンセプトですから、「科学的に肉体がなくなったら、思想もなくなり、それで終わりである。魂の存在も確認できない」。そういう考えもある意味、正しいと言わざるを得ないでしょう。

前世や輪廻を信じるかはさておき、親を介して、自分がこの世に生まれてきたことだけは不変の真実です。親にしても、どんな子が生まれるか、性別さえも選べないですし、子に恵まれる可能性やタイミングも、自分の意志だけで決めることはできません。親自身がご先祖さまにもらったＤＮＡも、選べたわけではないと思います。でも生まれてくること自体は、魂の意志で決めたことではないかと私は感じます。だから生まれてこられたことそのものに、とても意味があるのだと思います。

親子関係のよしあしはどこで決まるのか

ところで、親子関係においては、来世も親子でいたいと思える人もいれば、今世のうちに、さっさと親から離れたいと思う人もいます。自分の意思とは関係なく、親と離別や死別する人もいます。

親子関係の良し悪しは、まずは親によって決まってくるものだと思います。

愛情いっぱいに育てているつもりなのに、子どもが異様にひねくれていて、全く気持ちが理解できない、という人もいます。

しかし、基本的には愛情をいっぱい注いで育てた子は、ひたすら親を愛してくれるものだと思います。

私自身も、何がなくても愛情だけは注いで子育てする、これだけは守ってきました。今では子どもたちは、「ママの子で良かった」「もし僕が生まれてこなかったら、ママの子になれなかったから、そのほうが悲しい」とまで言ってくれるようになりました。これは私にとって大きな達成感があります。

私は子どもの頃に、確かに自分を愛してくれていた母に対して、「お母さんは私のことが嫌いなんじゃないか？」と思ったことがあります。母が気持ちに余裕がなかったときや窮地に立たされていたときに、私にキツクあたって、私はそれに傷ついたり、親子喧嘩になったりしました。お互いに感情的になって傷つけ合ったのだと思います。

そしてそれは、母も両親との間で経験したことなのだと思います。これを自分の代で繰り返さないようにするのが、私の毎日の課題です。

親に愛情いっぱいに育てられ、志高く育てられた人は、親よりもさらに高い目標を目指して頑張れる人材になっていくと思います。親が清い魂で、正義感を大切に子育てすると、世の中に貢献する力を持った影響力の強い子になるのでしょう。親に試練を与えられた人も、自分で親の間違いに気がついて、自身の志を高く持ち精進すれば、親から与えられたマイナス面を埋めて、さらなる高い目標に向かっていけると思います。

親に色々と与えられすぎると、自分の意思で行動しない子になってしまう可能性が出てきますし、親が何も与えないと、それはそれで、早くから発揮できていたかもしれない才能が、花開かないままになってしまう可能性があります。

親子の関係の中で、どうしてもどこか偏ってしまいがちです。自分の生い立ちの中で、十分与えられたもの、与えられず欠けていたもの、そして今の自分がそれらにどういった影響を受けているか、考えてみるといいでしょう。自分と自分の人生をさらに完成させるために、何をするべきか観えてくると思います。

前世よりも大切な親子呪縛の浄化

私が著者として2003年にデビューした頃から、しばらくスピリチュアル本のブームがありました。それで、「人生の障害や、自分が思い通りに動けない原因は前世にある」と提唱するスピリチュアル系の作家が増え、前世というコンセプトが広まりました。

魂リーディングをしていて、自分の母国の文化や生い立ちとは正反対のものに懐かしさを感じたり、初めて経験することに対して、まるで以前にやったことがあるかのような、慣れ親しんだ感覚を持つことがあったり……「これは前世の影響なのでは？」「この人は前世での才能を持って生まれ変わってきたのでは？」そう思うことは、よくあります。

とはいえ、前世での経験が、今世でも繰り返されるのか、そして前世からの借りがあると考えるべきかは、わからないというのが正直なところです。

たとえば、体に大きなアザができたのは、前世で怪我をしたことを意味する、といったような見解には、実感がないものが多いのですが、自分がプロのサイキックになったことや、楽器を弾くことで癒されることなどは、前世でやっていたことなんじゃないかと感じます。

魂リーディングをすると、前世で戦死した兵士が女性に生まれ変わってきたり、前世はヨーロッパにいた人が、今世ではアジアに生まれたり……といったイメージを観ることが多いので、人は前世で経験したネガティブな体験を、覆すために生まれてきているかもしれない、という感じは確かにあります。

私は、**「前世はその人の先天的な感覚や才能に影響するもので、親子呪縛はそれを活かせるかどうかに影響する。だから親子呪縛に取り組むことが大切**」だと思うのです。

人生における障害や、自分が思い通りに動けない原因は、「前世」にあるというコンセプトもありますが、私は、**「前世にこだわるよりも、親子呪縛を浄化することが、今世の人生を豊かにするのに効果的だ」**と考えます。

過去は自分のスタートラインや思考言動のパターンを確認する目安になりますが、それだけです。そしてこれを読んでいる今も、どんどん未来へと時間が流れています。

私たちにできるのは、理想の今と未来を創っていくことだけなのです。

胎内から始まる親子呪縛

親子呪縛はいつから始まるのでしょう。

スピリチュアルなコンセプトに精通している方は、前世での親子関係も影響してくるのか、気になってくるところですが、ここでは前世については切り離して、今世での親子呪縛にフォーカスしたいと思います。

親子関係は、まずは妊娠した時点から始まると考えることにしましょう。これは私が実際に、「自分は胎児のときにいじめられたと感じる」とおっしゃる方のお話をうかがったことがあって、この観点は大切だと思いました。

子どもが生まれてから育つ過程で呪縛が発生していくのですが、それ以前にも、子どもが欲しいと思う理由や、妊娠したときの環境、その背景、そして妊娠中の母親の胎児への思いなどは、自分の親との関係でできた親子呪縛にも影響されています。

まずは妊娠した時点で素直に喜べるか、喜べないか。またはパートナーが懐妊した時点で素直に喜べるか、喜べないか。それによって妊娠に至るまでの状況がポジティブだったか、ネガティブだったかがわかりますし、本当に子どもが欲しかったのか、そうでなかったかで、胎児との関係のスタート地点が決まります。

ところで、あなたのお母さんは、あなたを授かったときに嬉しかったのでしょうか？　複雑な背景があって、心配する理由も色々あって、素直に喜べるような状況でない人もいます。どんな状況であれ、自分のところに来てくれた魂に感謝して、大切に育てようと思えたでしょうか。

胎児への愛情を感じることができる人、そうでない人に分かれるのも、親自身の親子呪縛が影響していると思うのです。

愛情いっぱいに育てられた人そうでない人、親族にも喜んでもらえる人そうでない人、人生に対して楽観的な人、悲観的な人。自分の置かれている状況や心境、自分のあり方、それらすべてにまつわる親子呪縛の影響を認識することで、自分を知ることができます。

胎児がちゃんと育ってくれているか、片時も気持ちが離れない人もいれば、あまり考えないようにする人もいます。この時点からすでに、母と子の関係、父と子との関係もできていると思います。

胎児のことを愛おしく思い、栄養のバランスを考えて食事をしたり、健やかな胎内環境を考えて日々の生活を営んだりして、生まれてきてくれるのを楽しみにしながら過ごすのと、赤ちゃんが生まれてくることにネガティブな気持ちで過ごすのとでは、赤ちゃんが生まれた時点での親子関係に違いが出てくると思うのです。中には、その子を産んでいいのか、という不安と向き合う日々を過ごすことになる人もいます。

胎児の将来を思い、キャリア中心の生活から仕事と家庭を両立させるライフスタイルに変えることを考えたり、仕事よりも家庭を優先するために意識を切り替えたりするなど、自分の生き方を調節していくプロセスも、妊娠中に始まります。体内に命を授かった瞬間から、自分自身の親子呪縛について考えて、それを浄化していくプロセスに取り掛かるべきだと思います。

幸福純度の高い人生を送るために

どんな親であれ、「その親あっての自分」であることは不変です。これぱかりは逃げられません。親の影響は、ポジティブなものもネガティブなものも、自己形成に影響します。それをどう活かすかは、自分次第なのです。それに、どんなに親から逃げても、自分が親になったときに、自分の子がその苦手な性格を受け継いで生まれくる可能性が高く、それを浄化する役目をもらうことになります。

そこで親の成功や失敗から学んで、自分と子の可能性を最大に活かすことができれば、幸福純度の高い人生を送ることができるでしょう。**いい生き方を世の中に示し、奨励し、広めていくことは、私たちの使命の一つだと思います。**

私たちは、人生をどう生きるべきか、どうやって幸せになるか、他の人の生き方の見よう見まねで乗り越えていくところがあります。ＳＮＳが盛んなのも、そのためだと思います。

そしてまず最初に生き方のお手本を示してくれるのが親です。これが良いお手本であることも、悪いお手本であることもあります。そして親がしてくれたことは、親が思いやってくれた通りに影響することもあれば、その逆になってしまうこともあります。

たとえば、親が何でもお膳立てしてくれたことが、自立心の妨げになってしまったり、親にいつも命令されたことが、人を優柔不断にしたりもするのです。コントロール魔の親に反発して、人に指図されたり、行動を規制されたりするのが嫌になって、ルールに従うのが苦手になってしまう人もいます。親がいつも側にいてくれたことが、マイナスに働くこともあれば、親が側にいなかったことがプラスに影響することもあります。

どんなに親を恨むようなことがあっても、それを乗り越える過程で得られるものがありますし、自力で苦境を乗り越えることでしか得られない、強さ、決断力、忍耐力、勇気は、他の人から与えてもらえるものではありません。

親に助けてもらえなかったから、早くから自立できるようになったとか、親が厳しすぎたから、緩めで穏やかな生き方を優先しようと思えるようになるとか、**反面教師として、親から学ぶしか他に方法がない人生のレッスンや課題もあります。**これは、どんな環境に生まれたとしても、皆同じように与えられる試練です。

どんなに恵まれた家庭で育ったとしても、それなりの試練があるものです。高学歴、高収入の将来を期待され、それを達成できなければ認められない人もいます。逆に成功を期待されることもなければ、プレッシャーもない人もいるでしょう。

その善し悪しよりも、その影響によって、生き方が決まってくるところに着目したいのです。

たとえ親が不幸でも、自分は幸せにならなければいけません

どんなに不幸な親のもとに生まれても、自分は幸せにならなければいけない。どんなに親に酷《ひど》いことをされても、自分は幸せにならなければいけない。

これが親子呪縛の浄化になって、親孝行ができるということだと思います。

酷いことをされた親に、自分が幸せになって親も幸せにしてあげようなんて、考えなくてもいいです。それができたら最高ですが、どんなに助けようとしても、幸せにしてあげようとしても、「不幸だと言っているのが、幸せなのかもしれない？」と思えるような、自分から不幸を選ぶ親もいます。

親がいつかまともになってくれるのではないか、幸せになってくれるのではないかと思ったり、親に捨てられても、いつか自分のことを愛してくれるようになるのではないかと思ったり、自分が愛の尊さを教えてあげられるのではないかと思ったりする人を見て、切なくなりますが、親に傷つけられた子が、それでも親の幸せを願うのは、子にとって親が幸せなことそのものが幸せだからでしょう。これは本能的な愛だと思います。

それと同じく、子が幸せになるのが、本来、親の幸せであるべきなのです。子の幸せを自分の幸せと思えない親は、親子呪縛が浄化できていないはずです。自分の幸せを妬《ねた》まれたり、幸せを感じたことがなかったり、そういう経験があるのではないでしょうか。夫に愛されない妻が、子につらくあたったりするのも、そういう親子呪縛からきていることがあります。

でも、誰でも幸せになるために、この世に生まれてきているはずなのです。**幸せを与えてもらえなくても、幸せを望まれなくても、幸せにならないといけないのです。**

親の光と親の闇

人は、光の世界に棲んでいる人と、闇の世界に棲んでいる人の2つに分かれると私は考えます。私自身は闇の中から光の世界に出て、今はその間を行ったり来たりしている感じです。日向に強い植物、日陰に強い植物があるように、暑い気候が好きな人、寒い気候が好きな人がいるように、人は光の世界と闇の世界のどちらかを選んで属するものだと思います。

必ずしも光が良くて、闇が悪いというわけではありません。適性や耐性の違いという意味です。光の世界ではすべてを見通すことができる。闇の世界では暗い中で動くようなイメージです。光の世界は物事の白黒がはっきりしていて、闇の世界ではその境界線が見えない。光の世界は明るく、闇の世界は暗い。光の世界に棲む人は、なんでもハッキリ表現して、前向き。人に評価や批判をされることで活力が出る。闇の世界に棲む人は、隠れた感情があり、遠慮があり、後ろ向きなところがあり、人から評価や批判されるのを負担に感じてしまう、そんなイメージです。

輝かしい光の世界に棲む親は、常にスポットライトを浴びているようなもので、いい意味でも悪い意味でも、隠れるところがありません。

前向きで裏表がないぶん自信過剰だとか、ポジティブ思考すぎてお気楽だとか誤解されることもあるかもしれません。

闇の世界に棲む親には、「不安」「自信のなさ」「ネガティブな思考」があって、「子は親の背中を見て育つ」といいますが、この背中には親の抱える不安も映っているのです。親には自分の背中や、そこにある闇は見えていないことが多いのですが、これを子はまともに見て育つのです。

闇に棲む親は、コンプレックスがあるぶん、慎重かもしれません。この光と闇のコンセプトで、人の善し悪しを判断することはできませんが、その人のカルチャーからくるアプローチの違い、表現の仕方の違いなどをザックリ分けて整理しやすくなると思います。すると、闇の世界の人に、光の世界を無理強いできませんし、光の世界の人に、闇の世界に合わせてもらうのも無理だと思えて、その違いを許容しやすくなるのではないかと私は感じます。

どうやって親子呪縛を浄化するか、考えてみましょう

まずは自分が親子呪縛に影響されていると思われるところや、自分の可能性の扉に施錠されていると思われるところについて、じっくり考えてみましょう。

親に嫌なことを言われたり、傷つくようなことをされても、子としてはスルーして自分の中で処理してしまおうとするものです。それは親に対する愛情や感謝の気持ちがあってのこと。でも自然に消えるものではありません。自分が感じる親のネガティブな影響について考えてみましょう。

親に対して怒りがあるでしょうか。

親のせいでできなかった、と思うことがあるでしょうか。
親にできないと思わされてきた、と感じることがあるでしょうか。
本当にやりたいのに、どうしても行動できないことがあるでしょうか。
親に言われたことに傷ついて、忘れられないことがあるでしょうか。
親にされたことで、許せないことがあるでしょうか。
親に暴力を振るわれたり、暴言を吐かれたりしたことはあるでしょうか。
親は人格障害だと思われるところがあるでしょうか。
親に言われて傷ついた言葉はなんでしょう。

これらについて書いたり、話して録音したりしてみましょう。そうやってネガティブな体験を自分の中から取り出してみてください。親子呪縛浄化のためのサポート・グループを作って、経験をシェアするのもいいでしょう。

「あれは酷かったな」「あれは間違ってたな」そう思うことに光を当てて、それらをいらないものだと認識しましょう。親の悪影響を自覚することが、浄化作業の第一歩です。**親子呪縛を浄化するのは、子の役目です。**

コラム

魂的な生き方、サバイバル的な生き方

「あなたは自分の魂の声に耳を澄ましていますか？」

これは私の2003年のデビュー作、『自分のまわりにいいことがいっぱい起こる本』の最初の1行目の言葉です。あの頃から今に至って、日本でも「魂」という言葉が、普段の会話でもごく当たり前に使われるようになりました。

私は、アメリカのソウル・ミュージックを通して、「魂を表現する」ことの大切さを知り、人が自分の魂を表現するということは、自分の尊厳を主張することで、それは幸せに生きる上で欠かせないものだと知りました。渡米して、社会の中で個人を優先するアメリカ、個人より社会を優先する日本の違いを目の当たりにして、私は「魂をもっと自分のために使おう！」と提案させていただいたのです。

私自身がサイキック・アドバイザーとして、人生のあらゆる可能性の優先順位を考えるとき、その人が「魂的価値」や「尊厳」を認識していないと、正しい選択ができないのです。それがないと、どうやって今を乗り切るか、という「サバ

イバルのため」の選択を優先することになります。何が一番便利かとか、お得かとか、そういう決め方になるのです。もちろん、それは生きていく上で必要なのですが、サバイバル的な判断ばかりしていると、不都合が出てきます。

「私は本当にこれを求めてるのだろうか？」という疑問や不安が出てくるのです。生活はできてるけど、あんまり幸せじゃないとか、収入にはつながる仕事をしているけど、実はやりたくないとか。魂を満たすための選択ができていないと、自分にしかわからない虚しさが発生するのです。

そしてサバイバルの価値で判断する習慣がついていると、自分の魂を満たすものが何なのか、見失ってしまう可能性も出てきます。

「私はどうやったら幸せになるのでしょうか」と聞かれることが多いのですが、この究極の答えが、「魂的に幸せになりましょう」です。そこから私の「サバイバル的」「魂的」「サバイバル婚」「魂婚」というコンセプトが生まれ、それを基準に物事の価値を判断するようになりました。

この魂的な生き方ができるか、サバイバルな生き方になってしまうか……という自分の生き方にも親子呪縛は大きく影響してきます。

1章

親子呪縛で施錠されたものに気づいてください

～生きづらさは、あなたのせいではありません～

親は子どもの可能性に施錠してしまうことがあります。

たとえば、子どもの身を守りたくて、あらゆる「危なそう」な状況から子を遠ざけるために、「あれはやっちゃダメ」「あんなふうになっちゃダメ」とダメ出しして可能性に施錠し、道を閉ざしてしまうのです。

それが正しいときもあれば、間違っているときもあります。

善意でそうしたり、悪意でそうしてしまったり。愛情から施錠することもあれば、親自身の過去のトラウマから、子供に同じ思いをさせたくなくて、施錠することもあります。

問題は、それが一時的ではなく、一生にわたって子どもの道を閉ざす原因になることがある、ということです。

いつから、まだ起こってもいない未来を怖がるようになったのでしょうか

自分の中に、親に「施錠」されている自分の可能性があることに、気づいているでしょうか。

変わりたくても変われない。

思うように行動したくてもできない。

自由な発想ができない。

見えない何かに阻害されていると感じる。

知らない誰かに抑圧されているような気持ちになる。

……そんなとき、自分の発想や言動を閉じ込めている、自分の中の施錠された部分に向き合ってみると、その発端がどこにあるのか、誰のどんな言葉に封じ込められているのかが観えてくると思います。

これまでと違うことがしたくなるのは、その鍵を開けたいと魂が叫んでいるのかも

しれません。新しい扉を開き、無理だと思っていたことに、自分なりの方法で、あえて取り組んでみる。これが、自分の新しい可能性を見出すことに、つながっていくと思うのです。

親は自分が予想できない可能性の扉には、鍵をかけてしまいがちです。そしてその鍵はかけっぱなし。取り去らないままになってしまうことが多く、可能性の扉に鍵をかけてしまったことや、その扉があったことすら忘れてしまったりするのです。

その鍵を除去するのは子自身の役目です。子が可能性の鍵や扉があることに気がつかなければ、可能性が閉ざされたままの人生になります。私たちには、可能性すら知らないままのことが、たくさんあるはずです。

親の「子に起こるかもしれない不吉なこと」という主観的な予想は、親自身の経験や、親がそのまた親に言われたこと、たまたまニュースで入ってきた情報、最近知人から忠告されたことなど、その根拠が様々だと思います。それによって子は、実際にそれを経験する前に、全く知らない、自分では想像もできないようなことにさえ、「ダメ」と言われることになり、これが日常的に習慣化して、大人になってからも、自分の可能性を妨げることがあります。

本当は冒険したいのに、親にずっと無難で安全な道を選ぶように導かれてきた。「そのせいで結局は、自分の思いのままに行動できたことがない」。リーディングでそうおっしゃる大人の方は多いです。

転職したいのに、怖くてできない。新しいことをやってみたいのに、無駄になるんじゃないかと心配してしまう。お金につながらないことは、やっても仕方ないと思ってしまう。「クリエイティブなことが好きなのに、それを仕事にできると思えなくて、事務職を続けてきたが、自分に向いているとは思えない」と言う方が多いのです。

自分の望み通りに進んだら失敗するという不安を乗り越えられないのは、親に、やたらダメ出しされた親子呪縛が原因かもしれません。親に言われた通りの道を進んで、生活はできているけれど、いつまでたっても人生の達成感がなくて、このままでいいのかという焦りに悩まされるなら、親に止められたことの中に、だからこそ頑張ってやってみるべきことがないか、考えてみてください。

親に希望された安定した道を確立してから、自分の夢を叶えるのも親子呪縛浄化につながると思います。

生きづらいことで、自分を責めないでください

生きづらさを抱えたままの日々を、彷徨《さまよ》わないでほしいのです。

「自分を認めてもらえない」「自分の居場所がない」「将来の計画が立てられない」と感じることが重なると、それが「生きづらさ」となって自分を蝕み始めます。

生きづらいのは自分のせいじゃない。生きづらさを感じる原因が、自分だけではコントロールできないところにあるからで、それにまともに影響されないように回避する工夫をしてください。

人は自分がいいと思ってやったことが、うまくいかないとき、その原因を作ったのは自分だと考えがちです。自分の理想を実現させるためにベストを尽くしたと思ったのに、まわりの状況はそれについてきてくれない。自分が前進しても、まわりは変わらないまま。自分が何か計画したくても、状況が許すかわからない。そういうときは、近未来ではなく、もっと先の未来の自分の理想を見据えて、そこから逆算して、今何

ができるかをイメージしてください。

親子呪縛は生きづらさにも影響します。親との関係の中で、「自分を認めてもらえない」「自分の居場所がない」「将来の計画が立てられない」と感じた経験があったら、これは生い立ちのせいで、慢性的に生きづらさを抱えてしまっているかもしれません。

逆に、親は何でも自由にさせてくれたのに、社会に出たら、何かと制限されることばかりで生きづらい、というのも親子呪縛のひとつです。生きづらさを解消する親子呪縛の浄化は、まずは自分を責めないことです。**つらくなる原因を親になすりつけろという意味ではなく、まずは親が間違っていると仮定して、すべてのネガティブなエネルギーを一旦親に預けてしまいましょう。**自分が問題なのではなく、親が問題なのだと考えると、少し楽観的に親との問題に取り組めるようになるはずです。

そして、生きづらくなる3つの条件を、「他の人に認めてもらえなくてもいい。自分に納得できればいい」「どこにでも自分の居場所を作る」「将来は計画通りにいかなくても、自分が好きな方向に進んでいく」に置き換えましょう。そして親に認められなかったこと、家族の中に自分の居場所がなかったこと、親のせいで自由に計画が立てられなかったこと、そんな経験があなたを生きづらくしているなら、それらを浄化してください。

親から受け継いだ闇に気づくと、新しい人生を切り開くパワーになる

「子は親の背中を見て育つ」といいますが、この背中には親の抱える不安も映っています。これを私は「親の闇」と呼んでいます。問題は、親には自分の背中や、そこにある闇は見えないことです。これを子はまともに見て育つのです。子は親の感情をエネルギーで感じますから、親が不安だと、その原因がわからなくても、子はそれを察知して不安になるものです。

親が抱える「不安」「自信のなさ」「ネガティブな思考」は、親の「闇」＝「病み」として、子に悪影響をもたらします。親が先祖から受け継いだ「闇」もあるでしょう。これを親自身が浄化できていないと、子は親の「闇」に影響されて育つことになります。

そして、**このような親の闇に影響される親子呪縛は、「不幸な家庭」だけに起こることではありません。どんなに幸せそうな家庭にも、この闇はつきものだと思います。**

●親の不幸、私の場合

たとえば私の人生は、父と母の人生に起きた不幸の連鎖、さらには母の両親の人生に起こった不幸の連鎖の上に成り立っています。父は私が7歳のときに亡くなっていますので、不在です。私の母の人生は見事なまでに不幸の連続です。

これを簡単に説明しますと、戦中戦後を生き延びた後、ある程度豊かな子ども時代を過ごせていたのが、家業が突然ダメになり、追って母親（私の祖母）が亡くなり、不運に流された末に私の父と出会い、私を産んで幸せな家庭を夢見ていたのに、私の父は交通事故で亡くなり、結局シングル・マザーになってしまいました。

母は根は明るい、情の深い人でしたが、想定外の不幸が重なったせいで、私の知る限りでは、とても悲観的でした。そして自分を誇張する自己愛性人格障害のような言動もありました。でもそれは自分の不幸に負けたくないという気持ちが引き金になっていたのかもしれないし、ＰＴＳＤ（心的外傷後ストレス障害）だったのかもしれないと、今となっては思います。

感情の起伏が激しく、コントロールができない。常にイライラしていて、行動が突発的。何においても最悪のケースを想像してばかりいる。母は、「女の最高の幸せは良妻賢母になること」「女性は男性に守られて幸せになるべき」という観念を教え込まれた時代の人で、それを信じていました。でもそれが裏目に出てしまいました。

今から思えば、多才で器用だった母は、私の父が亡き後、自分の才能を活かして、もっと可能性を開花できたと思うのです。結果的には、母を守ってくれる男性は一生涯現れませんでした。商家で乳母に育てられて、自由奔放なところもあり、男性に守ってもらえるようなタイプではなかった、というのも影響していると思います。

そういう母を見て育った私は、自動的に「男性に頼らないで、自分で生きていかなきゃ」という観念をもらったわけです。父がいませんでしたから、頼れる男性は事実不在ですし、男性に頼るという観念なしで育ったわけです。

「女性としての無力さを悲観して生きるのは嫌だ」とも考えるようにもなりました。子どもの頃は、それは自分が恵まれていないからだと思っていたのですが、実は**自力で道なき道を歩むパワーに恵まれていたということです。**

不幸で発生した運気に乗っても、行き先さえ見失わなければ、自分の望む方向に向かって、どこにでも進んでいけるのです。

●親子呪縛から逃げてはみたものの…

私は母との関係に苦悩し、20歳になった頃、「親は変わらないし、親の人生も変えられない。逃げるしか方法がない」と、親子呪縛の関係から逃げることにしてみたのです。それで海外に移住したのですが、逃げるだけでは、呪縛からは解放されませんでした。

いつも親との問題が脳裏にあって、すっきりしない。自分の中にある親子呪縛の影響を浄化し、さらには親との関係を浄化しないと、自分の幸福純度は上がらない、ということに気がついたのです。

自分が結婚して親になっても、それで幸せになれるのか疑っていましたが、やはり親子呪縛浄化のために、家庭を持つことにしました。幸せな思い出が何もないと言い切れるような、そんな暗黒の子ども時代を過ごした私には、自分が親になって、我が子と一緒に幸せを感じることが、親子呪縛の浄化になっていると思います。

親子呪縛の浄化作業を続けてわかったことは、不運の連鎖から離れようとする勢いが、新しい人生を切り開いていくパワーになったことです。

予想ができない未来に向かっていく勢いや、今の時点で可能性が見えないことを実現させるために、行動する勇気をもらえたのは、ゼロ発進で何も失うものがないという土台があったからだと思います。

もともとないものに対して、それを失う怖さはありません。最悪な状態にいると、何をやっても、それよりマシにできる。**親子呪縛を浄化していくことは、すべてをポジティブにしていくことだけを考えることなのです。**

「原田さんは、どうしてそんなに何にでもポジティブになれるのですか？」と、よく聞かれますが、ポジティブでいるしか生きる方法がないからです。自分がネガティブになったら、それを支えてくれるものは何もない。ポジティブでいない限り、闇に包まれてしまう。だから何が何でもポジティブでいることに徹します（それでも闇に包まれたときは、その闇の中で眠ります。すると朝が必ず来るのです）。

プラスにさらにプラスしていくより、マイナスを埋めることのほうが簡単なこともあります。親の素晴らしさや成功をさらに超えようとするより、親に欠けていた部分を埋めようとするほうが、シンプルです。

親が子どもに与える最大の悪影響は「恐怖」を教え込むこと

親が「成功しなければ人生は闇だ」という恐怖心や固定観念を持っていると、子にも成功しないと人生の地獄が待っているかのように、教え込んでしまうことがあります。「大きくなったら、お金持ちになってね」「いい学校に進学してね」「いい会社に入ってね」「こんな人と結婚してね」……何の気なしに、高い目標や自分の理想を押し付けてしまう。高い目標を子どもに強要して、それを達成させようとする親は、親自身もそういう育てられ方をしたのかもしれません。

でも親の希望通りの結果を出すことだけを目標にしなくてもいいこと、たとえ上手くいかなくても、子がベストを尽くしてくれたら、それでいいと伝えてあげてください。親子で敗北感に落ち込んだり、ましてや親が子ども以上に落胆したり、怒ったりすることがあっても、子の自尊心や自信を傷つけないように守るのが親の大切な役目です。

いい成績が取れないと認めない。親の言う通りにしないと認めない。親の決める基準に沿った「いい子」でいなければ認めない。

これらは親子呪縛の典型的な例であり、これらをきっかけに、体罰などの虐待に発展させていく親もいます。親自身に将来への不安があるから、子を脅すのです。**親は自分の中の不安という闇で、子を支配している**のです。

私自身も2人の子を育てながら、いろんな場面で「恐怖」を教えようとしてしまいます。「あ～！」と私が叫ぶだけでも、かなり子どもたちを恐怖に落とし込んでいることに気がついたのは、彼らが少し大きくなってからでした。

小さい頃は、それだけで子どもたちは固まっていましたが、大きくなってくるにつれて、「ママ、声だけで脅かすの、やめてよ」と言われるようになってきました。さらに大きくなった今では、「ママ、落ち着いて！」と逆に叱られます（笑）。

危険なものから身を守るとか、やってはいけないことを知るという目的で「恐怖」をブレーキのように使うにも、細心の注意を払わないといけません。ブレーキとアクセルを上手に使いこなせるようにしてあげるべきなのですが、ブレーキをかけることばかりになってしまう可能性があることは、私自身が自分の子育てで経験しています。

ネガティブな言葉で、劣等感を根付かせないでください

私の人生は、親に無理だと言われたことへの反動で出来上がっています。

私自身の父は7歳で他界。度重なる不幸でＰＴＳＤを抱えていたと思われる母との親子呪縛に私は苦しみました。それでも親子関係のポジティブなこともネガティブなことも、すべてポジティブに変換するしかなかった。それによって成長できましたし、どんなこともポジティブに変えられるという、達成感や自信を感じられるようになりました。

とはいえ私が自分自身の限界と向き合うとき、幼少の頃に親にダメだと言われて、自分には無理だと思い込んでいることが、確かに妨げになっていると思います。

その母も亡くなり、こうして両親が亡き後もずっと、その宿命的な親子呪縛の影響は続いていると思います。私が辿れる限りの先祖をみても、連鎖的に影響していて、先代までは律儀に親子呪縛を守り、時代に合わない間違った教訓さえ受け継いで、そ

れにネガティブに影響されていたところがあったと思います。

私はこれを自分の代で浄化しようとして、そのために渡米して国を変え、言語を変え、思考や発想を新たにする努力を積んできました。

しかし、そうやって親子呪縛浄化を意識して生活していても、自分の子との間で、さらなる親子呪縛を発生させてしまう日々です。自分が親に言われて傷ついた言葉を口走ってしまって、「あ〜言っちゃった〜！」と大反省しても遅し。自分が嫌な思いをしたフレーズがトラウマ化して、いつまでも脳裏にこびりついている……それが、自分の感情がコントロールできない瞬間にパッと出てきてしまうのです。

「それじゃダメ」「あなたには無理」「なんでできないの？」……子どもを守るつもりが、確実に子どもを傷つけ、恐怖を与えてしまう言葉はたくさんあります。

今はネガティブなことを口走りそうになったら、まず頭の中か、空中に向かって言ってから、本当に言うべきかどうか、冷静に考えて、良いタイミングを見つけて、お互い冷静なときに言えるようになりましたが、これもかなり練習が必要なことです。

私たちは、直接言われるにしても、間接的に見聞きするにしても、日々の生活の中でいろんな言葉に影響されています。

特に、親から言われたネガティブな言葉が、一生を通して自分の可能性を邪魔することにフォーカスして、それをどうやって浄化するか、考えていきたいと思います。

他人から言われたネガティブな言葉は一過性のもので、間接的にしか影響しないことが多いと思います。気にしないようにして、忘れてしまえばいい。それを思い出して怒ることがあっても、それに反発して頑張ればいいのです。

ところが、親に言われたネガティブな言葉は、気にしないようにしようと思っても、自分の中にネガティブな棘として突き刺さり、種として根を張り、自分の中に劣等感を張りめぐらせ、自分の本質に影響してしまう。

親子呪縛の影響や、それによって経験した思い出は、消えるものではありませんが、その影響で出た悪い結果を塗り替えるように、ポジティブに行動し続けていくことが、「親子呪縛の浄化」であり、正しい生き方だと思うのです。

優しすぎる親に育てられるという悲劇もある

「子どもを傷つけない」というのは、過保護に育てるということではありません。

過保護に育てても、逆に傷つきやすい子になってしまうという親子呪縛が発生します。

親に愛されすぎたことが裏目に出るということも、よくあります。

親が優しすぎたせいで、子が自立しなくなる。引きこもりになったり、社会に出ても、仕事に支障が出たりする。人に干渉されるのが嫌いで、人と交渉するのも苦手。きわめて主観的で人に合わせられない。いつまでも学生気分だったり、就職しなかったり、職場で理解されなかったり、人の嫉妬の対象になってしまったりする。結婚して家を出る気になれなかったり、結婚してからも、親に経済的に頼りっぱなしなど、親に助けてもらえるのはありがたいとはいえ、その裏で、「自分は自立できていない」という気持ちが発生して、コンプレックスになってしまう人も多いです。

愛されすぎて、施錠されてしまう可能性の扉があって、それが自己肯定感の低さと

なって現れ、すごく恵まれていても自信が持てなくなる。それは何かを自力で得た達成感がないからかもしれません。

いつもある程度満たされていると、何かを頑張って手に入れなければいけないという焦燥感や、このままじゃいけない、という危機感が生まれないのも問題です。恵まれすぎているがゆえに発生する親子呪縛は、いざというときに無理がきかない、馬力が出ない、そんな問題にもつながってしまうのです。

優しいばかりの親に、なんでも許されて育つと、自分のワガママに歯止めが効かなくなるのも自然なことだと思います。自分が間違っているのに正しいと思い込んだりして、損することもあるでしょう。「自分って、そういえばブレーキ効かないこと多いな……」と思うことがあったら、親に何でも許されたことが、ネガティブに働いていないか、考えてみてください。人前ではコントロールが効いても、プライベートではは暴走してしまう原因も親子呪縛かもしれません。優しさだけの子育てでは、子のブレーキが甘くなる。すると問題に激突するまで止まれなくなります。「こんな問題を起こすなんて！」という結果になるのは、子に厳しく「限界線」を教えてなかったからかもしれません。すると子は、人生の厳しさに限界を知らされることになります。優しさが、その人の限界になってしまうこともあるのです。

生い立ちの違いの壁

育ちの違いが社会の中で摩擦を生むことがあります

本来は、幸せな家庭で幸せに育つことは、人生最大のハッピーなことのはずですが、幸せに見えることで、嫉妬や妬みを買ってしまうこともあります。

夫婦関係が上手くいっていないご家庭のママ友に、夫婦円満なママが攻撃されるとか、離婚されたご家庭のお子さんに、家庭円満のご家庭のお子さんがイジメられたり、両親共働きのご家庭のお子さんが、専業主婦のご家庭のお子さんに嫉妬するとか。そういうご相談は多いです（離婚されたご家庭が悪いという意味ではなくて、離婚のストレスや淋しさは、人を攻撃的にするネガティブさがあるということです）。

親にものすごく愛されて育って、それが当たり前だと思っていたら、社会に出たら、全然そうでない人がいっぱいいる…という現実に直面したという人もいて、攻撃対象になってしまうことがあります。

生い立ちからくる言動や思考の違いが、人の生き方や職業などに大きく影響する。これも親子呪縛のひとつだと思います。親が子を守りすぎて、無理をさせることを避け続けると、馬力が出ない子になるのは、自然なことでしょう。

歌唱指導をする際、パンチのある歌を歌うには、危機を感じて必死で叫ぶときと同じエネルギーが必要なのですが、この響き渡るようなパンチのある声を、あまりにも危機感を抱いたことがない人に教えようとしても、感覚的にわかってもらえないのです。

社会に出ると、自分と生い立ちが違う人たちと共存していくことになるのですが、そこで人生に対する危機感の違いが、仕事への姿勢にも影響してきます。

たとえば、ご両親は裕福で、お給料をすべて自分の好きなように使っている実家暮らしの人と、早くに親元を離れ、フリーで生き残りをかけて仕事をしながら、仕送りもしている人が一緒に仕事をした場合、生きている環境の違いからくるペースの違い、温度差やズレ、摩擦などが生じるものです。たとえば、一方は余裕がありすぎ、もう一方は余裕がなさすぎ、一方は優しすぎ、もう一方は厳しすぎ、一方は楽観的すぎ、もう一方は悲観的すぎ、一方は理想主義、もう一方は現実主義など、ライフスタイルの違いが社会の中で摩擦を生む問題も、元は親子呪縛にあるかもしれません。

なぜ一歩を踏み出す勇気が出ないのでしょう。親に冒険を止められてきましたか

親の言う通りに、きちんと勉強して、就職もして、順調にきたけれど、「結婚」を考えるステージに来て、親が望むような結婚がいいのか、そうじゃないほうがいいのか迷ってしまう、という人は多いのです。これは**「親の理想」とは別の、「自分の理想」に気がついた**、というサインです。

親の観念とは違う、新しい可能性が観えてくると、「もっと他の生き方があるのかも？」と考えるようになる。でもその理想を追いかけていいのか、迷ってしまう。親に教えられた道をまっすぐ歩いていたところ、横道に出くわして、そっちに行ってみたい気持ちが湧いてきた、でも冒険していいものか、考えてしまうという感じです。

保守的なキャリアを選んできたけれど、物足りない感じがするとか、将来性を期待できない感じがする。何か新しいことに取り組みたいとも思うけれど、そうする勇気

がない。キャリアチェンジをするなら、今しかないと思っても、本当にそんなことをしていいのか悩んでしまう。「将来それで安定できる」という確信が持てないと、どうしても思い切れない。思い切って行動してみても、つい習慣的に無難そうなほうに行ってしまう。

自分の可能性を試したいと思っても、いざとなると怖くなったり、保証のないことに取り組む意味や価値がわからなくなったりするのは、子どもの頃からずっと、親に無難で安全な選択ばかりを勧められて、冒険することが怖いのかもしれません。

それを自分の限界として肯定してしまうか、それとも、それを乗り越えることで、自分革命をするか。親子の関係によって出来上がった、あらゆる限界や枠を洗浄してしまうイメージで、**親に教え込まれた恐怖は、自分が変われば浄化できる**のです。

親が理解できる範囲内の人生に留まる必要はないですし、親が想像もつかないような生き方をすることでしか、浄化されない親子呪縛もあります。

親が「恋愛」や「やりたいことを極める」チャンスを遮断して、勉強だけに集中させたことが原因で、大人になっても恋愛経験が「ゼロ」、自分がどんな人を好きなのかもわからない、という人もめずらしくありません。

私は、子どもが幼い純粋な頃から、いろんな人を好きになって、「人を好きになる気持ち」を育ててあげることが大切だと思うのです。たとえば、受験には恋愛は禁物と考えられがちですが、受験は、サバイバルのためのもの。人格を豊かに形成する恋愛を犠牲にするのは、マイナス面もあります。

親子呪縛で苦しんでいる人の多くは、誠意あるコミュニケーションや、愛情のやりとりができないことに苦悩しています。子育てをする際に、子の心を潰し、効率的に働くロボットのように育ててしまうことも、ありがちな間違いです。

そのことに親が老齢になってから気がついて、自分は我慢ばかりの人生だった、とにかく親が言う通りにしてきたのに、何もかもうまくいかなくてつらい、死にたい、とまで考えるようになる人もいます。そんな闇に入ってしまわないで、もう親の言うことは十分聞いてきたから、ここからは自分の自由にさせてもらおう、自分に合った生き方を選ぼう、人に何と言われようが、好きにしよう。他の人にどう思われるかは気にしない、恥ずかしいとか、格好悪いとか、そういった基準で物事を判断しない、そう決心して自分が選んだことに取り組んでみてください。

コラム

自分のルールを持つ大切さ

親子呪縛を浄化するには、物事を判断する自分のルールを持たなければいけません。

子どもの頃は、親のルールを学ばされながら育つわけですが、自立してからは、自分が選んだ環境からルールを学ばされ、そんな中で自分にとって何が正しいか、そうでないかを決める、独自のルールができてくると思います。

そして親に学ばされたルールと、自分が学んだルール、さらに自分のために厳選したルールに、多少なりとも差が出てくるところを、どう調整するか。どのルールを優先するか、使い分けるか。これは、親には判断できないことです。

親は絶対服従を強いてくるけれど、自分はそれには従わない。そう思ったときから、親子呪縛浄化のやりとりが始まります。親は依存してくるけど、ちゃんと自立してもらえるような距離を置こうとか、親は何でも与えてくれるけれど、自分はそこまで頼ってばかりにならないようにしようとか。親の周囲の人たちと、自自分の周囲の人たちのタイプが違ったり、親のライフスタイルと自分が選んだライフスタイルが違ったり。それによって、あらゆるお作法やルールが変わってくるのも、親子呪縛浄化のプロセスの一つだと思います。

私が子どもの頃は、「親子呪縛の浄化」という発想や認識がなかったので、親から距離を置くために、家を出ることしか思いつきませんでした。確かに家を出て、母とは全く違う自分のライフスタイルを海外で築き上げたことで、親子呪縛から解放されたところもあります。しかし今となっては、離れてしまった時間と、失われたコミュニケーションは埋められないことを残念に思います。一緒に時間を過ごそうとしては上手くいかず、結局離れてしまったのですが、親と同居しながら、我慢ではなくて、浄化という発想に切り替えられたら、少しは楽だったかもしれないとも思います。家族とは本来ならば上手くやっていきたい、というのが私たちの本能的な望みだと思います。家族との関係が浄化できれば、一般的な人間関係の浄化は、もっと楽になるのではないかと思います。

自分の中の施錠された鍵を開けましょう

運が開かないとき、生活が停滞したかのように感じるとき、ちょっと心を開くと、新しい発想ができて、それが運を開いていくキッカケになったりします。新しい可能性を切り開いていくパワーを解禁しましょう。

私はいろんなことにチャレンジするのが好きなのですが、これは自分にはできないだろうと思っていたことが、意外とやればできてしまったり、難しくても根気よく取り組んでいるうちに、少しずつできるようになるのが、楽しいからです。

何かを初めて経験するときには、新しい情報と自分の習慣的な思考とを、照らし合わせながら学んでいくと思うのですが、習慣的な思考だけだと乗り越えられないことも出てきます。発想を新たにするには、自分の習慣的な考えから離れないといけないことも多いです。

「自分の限界は自分がつくるもの」というのは、私が魂リーディング（自分の魂が求める選択を見極めるための、サイキック・リーディング）をさせていただいて、いつも思うのですが、この自分の限界の原因にも、親子呪縛の影響があると思います。

親の限界が自分の限界にならないように気をつけましょう。


誰かに止められているわけではないのに、自分で「これが限界、もうダメだ」と思って、あきらめる言い訳を考えてしまう。自分が作った壁にぶつかって前に進めなくなってしまう原因をよく考えてみると、小さい頃から親に、「これは無理だからやめなさい」と繰り返し言われ続けた経験があったりします。

親は、「何でも好きなことをしなさい」と応援しているつもりなのに、子が「自分には無理」と、すぐにあきらめてしまうのは、ご先祖の誰かからいただいた「性格」もあるかもしれませんが、親が無意識のうちに、子の自由な言動や発想を、妨げてしまっているということもよくあります。

「変えられないのではなくて、変えようとしない」「変化を望んでいるのに、我慢を選んでしまう」「あきらめることに慣れている」「臆病になってしまう」といったことが習慣になってしまった自分。それを変えてみる。それが**自分の限界を乗り越えていく可能性を生み出します**。それが親子呪縛の浄化です。

たとえばうちの息子は、何をするにしても「自信がない」という気持ちが根底にあるみたいです。なんでも「自信がない」で逃げてしまう。

私は、「自信なんて誰もないよ。自信があると言える人は、何回も失敗して学んだから、それだけ失敗してきたぶん自信があるんだから、とにかく繰り返し取り組みなさい」と、彼が自信を持てるように、ありとあらゆることを言ってみるのですが、それで彼が自力で自信が持てるように努力できるかというと、なかなか、そうはならないと思います。

私の夫も「自分は自信のない子だった」と言います。自己肯定感が低いのは遺伝かもしれませんし、親子呪縛のせいかもしれません。きっとその両方だと思います。

自分で本当に望んで、求めて、大失敗して、どん底の気分を味わって、自分の限界も実感して、そこから這い上がらないと、自信なんて生まれてこないのです。

でもそれは、親がお膳立てしてできることではありません。親がそんな経験を無理やり与えようとして、失敗したら、親子関係が悪くなるばかりか、子どもを潰してしまうかもしれません。

あらゆる自分の「できない」原因の中から、親との関係が影響している部分にフォーカスしてみてください。そして、自分が変わることを決意してみてください。「そういえば、うちの家族は、みんなこういうところで失敗してるな、こういうところであきらめてるな」など、いつも同じことでつまずくパターンは、親にされたこと、親に与えてもらえなかったものなどの中に、必ず原因があるはずで、それを浄化すれば改善されることも多いと思います。

魂の親子関係というのは、どういう関係なのでしょうか

一緒にいるだけで魂が満たされて、幸せになれる。それが、魂的につながっている関係です。

愛情を与えあって、魂を浄化し合う関係。自分がどうあるべきか、自分は何を優先するべきか、何のために生きているのか、そういうことを確認し合う関係。相手を癒すことが、自分を癒すことにつながる循環がある。魂的につながっている親子は、結束が強くて、同じ志を共有しているのが一目瞭然であることが多いと思います。

そういう関係では、子は親を尊敬して大切にしているでしょうし、親も子を尊敬して、子からたくさんのことを学んでいるでしょう。人は誰かに必要とされることで、自分の価値を確認するところがありますから、親は子に、子は親に必要とされることで、自分の存在価値を確認しています。これはサバイバル的にも共通していることだと思います。

家庭に魂的価値の大切さを尊重する基盤があると、正義感が強く、正しいものを正しいと伝えることを使命と感じる、そんな人間が育つのだと思います。

サバイバル的価値が基盤の家庭に育つと、物事の善悪は、その場の状況によって、サバイバル的に優位な条件を選ぶという判断になりますから、家庭内でサバイバル的な価値判断の結果、矛盾や間違いを黙認するようなことが多発するかもしれません。社会に出たときに、不当に扱われても、黙ってしまうのは、魂的な正義感に自信がないからだと思います。

サバイバルするために色々我慢するように教えられて育つと、自分の尊厳のために戦う勇気は育たないと思います。

ですから、魂的に結束した親子関係に恵まれて、愛情いっぱいに育った人が社会に出ると、そうでなかった人、親子呪縛に苦しんでいる人を浄化して解放する役目が回ってくることがあると思います。

人は愛されて育つのが当然だと思っていたのに、全くそれを知らない人がいることを知ったとき、魂的に満たされている人は、愛を伝え、人の尊さを伝え、人の魂を満たしてあげたいと、本能的に思うものでしょう。

親子呪縛なんて想像もできないくらい、幸せいっぱいで育った人には、他の人の親子呪縛を浄化するパワーがあると思います。それは世の中を浄化する使命に恵まれているということです。

ただ、親子が愛し合いすぎて、仲良すぎて、依存しあってしまう関係というのもあって、これは幸せな家族に特有の親子呪縛です。でもそういうのは、有難い呪縛で、いくらでもポジティブに対応できるものだと思います。

親子の関係をパズルにたとえると、必ず欠けているピースがあるもので、その欠けたところに、自分が克服するべき課題や、チャレンジしてみる価値のある何かが見つかると思います。

コラム

親と子の魂のレベルについて

「生まれたばかりの魂」は透明で光り輝いていて、人の魂に影が入るのは、後天的な経験によってだと私は思います。

魂のレベルの高さ、低さは、その人の理性や品性に現れてきます。親がどれだけその価値を教えたか。自分を大切にしながら、他の人も尊重するように教えたかは、子の人格に現れます。

親の魂は曇っているのに、子の魂は澄み切っている。親の理性や品性の無さに嫌気をさして、子が自らを教育し、魂を磨きあげる。親はいい人なのに、子が殺人を犯してしまったりするケースもありますし、親に虐待されても屈折することなく、光の世界に生きて社会に貢献する人もいます。親子でも魂レベルの違いはあると思います。

コラム

魂的に見た父親・母親という存在

子は母親の胎内で育ちますし、生まれてからしばらくは、母乳の授乳など母親にしかできないこと、母親のほうがやりやすいことがたくさんありますから、母子はいつもくっついていることになります。なので肉体的にも魂的にも強いつながりを感じやすいと思います。私も妊娠中はもちろん、出産した後も、子どもが自分の体の一部のように感じました。最初の子が生まれてきて、実際顔を見るまでは、親としての自覚がはっきりしていませんでしたが、我が子の顔を見た途端に、「この子を守らなければ！」という強い責任感や、「私がこの子を愛して、自分のすべてを捧げる」という、深い愛情が出てきました。

夫も我が子の顔を見るまでは親としての実感はなかったようですが、同じように、子に「一目惚れ」していました。父親として、やはり自分が父親から学んだことを、子に伝えていこうとしている様子です。子と接しながら、「俺はこういうところが、親父とまるで一緒だ」と、自分自身のことを再確認するようなところもありますし、息子たちも知らない間に、夫の生き写しのような言動をするようになりました。

子どもが生まれた瞬間は、一瞬で魂的に光で満たされた感じがありました。人が親になった瞬間に、経験したことのないような深い愛情を感じ、これまでなかった世界が開けるような、そんな感覚になれる。これは魂的に深く浄化されるチャンスなのだと思います。生まれてからも、我が子を愛せなかったり、捨てたり殺したりする親がいますが、自分が愛された実感がなくて、命の尊さや愛情を感じられなくなっているのです。

父親と母親は子育てするうえで、得意な分野が分かれてくるものだと思いますが、基本的には、父親は自分の父親を、母親は自分の母親をガイドラインにして、自分はどういう親でありたいかを決めていくものだと思います。それで、男性は男親の親子呪縛浄化、女性は母親の親子呪縛浄化をすることになる傾向が出てくるかと思われます。

光の世界にあこがれても、
光の中に出ていく勇気が出ない。
でも、このまま闇の世界に落ち着いてしまっていいのか。
それで、自分の魂は満足するのだろうか。

NICATIONS

ほんとうのあなたに出逢う
青春文庫

アドラー心理学で
子どもの「がまんできる心」を引きだす本
親も子もラクになる魔法の言葉がけと習慣とは
星 一郎　640円

1日3分!
スクワットだけで美しくやせる
筋トレ&脂肪燃焼のW効果で全身ダイエット!
山口絵里加　740円

1秒でつかむ儲けのツボ
発想、戦略から売り出し方まで…稼ぐ人の目のつけどころを公開!
岩波貴士　690円

ハーバード&ソルボンヌ大の最先端研究でわかった新常識
人は毛細血管から若返る
毛細血管を増やし、老けない、病気にならない体に変わるヒント!
根来秀行　760円

言ってはいけない! やってはいけない!
大人のNG
知らないとキケンな日常生活から、誰も教えてくれないあの業界のNGまで!
話題の達人倶楽部[編]　750円

心をピッカピカにする
おそうじ言葉
「幸せ」「ありがとう」…そんな「おそうじ言葉」で1日がさわやかになる
星まゆ美　740円

「一生、メシが食える子」が育つ お母さんの60のルール
わが子の「あと伸び」を応援する60のルールを紹介!
高濱正伸　640円

自分のまわりにいいことがいっぱい起こる本
75万部突破のベストセラー文庫化! 思い通りの人生を生きるためのヒント
原田真裕美　770円

超ラク! 速ワザ!
エクセルの一発解決術
「知りたい」が必ず見つかる! 倍速で仕事が終わる202の厳選ワザ!
きたみあきこ　800円

「続けられる人」だけが人生を変えられる
「見る」「動く」「書く」だけ! "なりたい自分"に変わる1分ノート術
大平信孝　880円

ひとりでいる時に幸せの神様はやってくる!
運がよくなる☆奇跡が起こる! 心の習慣
佳川奈未　890円

99%が気づいていない
大人の勉強力
集中力、記憶力、理解力…読むだけで頭が突然冴えわたる本!
ビジネスフレームワーク研究所[編]　690円

30秒で人を動かす
プレゼン、営業トーク、日常会話…どんな相手にも響くシンプル&強力な話し方
ミロ・O・フランク[著]　上原裕美子[訳]　800円

あの業界のスゴ技!
ライフハック100
仕事で、家庭で、出先で使える!100業界のプロのスゴ技を集めました
知的生活追跡班[編]　780円

管理栄養士が教える
美肌スープ
管理栄養士が伝授! 肌のトラブルを体の中から解消するレシピ
森由香子　880円

神様は、ぜったい守ってくれる
日本人が知っておきたい、神様への願い方・祈り方・参拝の仕方
藤原美津子　880円

PLAYBOOKS 青春新書　人生を自由

青春新書

貯金・経済知識・投資経験ゼロでもOK!「ほったらかし積立」投資術
1

毎日ごちそう!たまとじ
普段のおかずやおつまみが、卵でとじるとごちそうに大変身!
きじまりゅうた　1120円

すぐに役立つ最新対応版
大学生が狙われる50の危険
イマドキ大学生が知っておくべきリスクの数々!
(株)三菱総合研究所 ほか　1000円

「防災」のやってはいけない
地震、豪雨などの災害時の「正しい判断・行動」をクイズ形式で紹介
ホームライフ取材班[編]　1000円

さまざまな側面から、「覚える力」と「思い出す力」の保ち方・鍛え方を紹介
1

"隠れ酸欠"から体を守る
横隔膜ほぐし
ストレス、長時間のマスク…"息苦しさ"を解消する横隔膜エクササイズ
京谷達矢　1070円

ゆで卵の殻をツルッとむく方法
コツやレシピの前に知っておきたい料理の常識128項!
ホームライフ取材班[編]　1000円

日本人の9割が信じてる
大間違いな常識
健康、食べ物、家事、マナー…多くの人が勘違いしている常識とは!
ホームライフ取材班[編]　1000円

2 章

恋愛・結婚／お金／仕事／家族関係／人間関係

親子呪縛を浄化していきます

～闇の世界から光の世界へ踏み出そう～


私たちは単独で自己を完成させることはできません。

自分を向上させていくには、必ずよいお手本となる人が必要です。

肉親以外にも、メンターとか、魂の親分みたいな存在の人を見つけて、人生を学びとることも大切です。

それを生かして誰かの役に立てると、さらに自分が完成されていくでしょう。

何か問題に直面したときは、軌道修正のチャンスです

誰にでも必ず、「親の生き写し」のような部分があるはずです。何か問題にぶつかったときに、「そういえば親がそうだった！　自分も同じことをしている！」と思えたら、それをプラスに転換させられるように、発想や行動を変えればいいのです。

肝心なときに、自分の意見が言えない。ここぞというときに社交的になれない。人から助けてもらうのが苦手。いつも競争心をむき出しにしてしまう。わからないことはダメということにしてしまう。異性が苦手。交渉ごとが苦手。断られそうなことは最初から頼めない。気移りが激しく、恋愛も惚れやすく冷めやすい。……こういったことにも、必ず親の影響があるはずで、ＤＮＡでもらった性格や体質が影響していると思われます。

恋愛、結婚、仕事、人間関係において、親譲りの思考パターンや習慣的な言動が、

自分にとって妨げになるとき、思い切って逆方向に舵を取って、親譲りの苦手を克服しましょう。この気づきが親子呪縛を浄化して、人生の軌道修正のきっかけになるでしょう。

私たちは大人になっても、親から学んだことを第一のお手本にして行動するものです。それがプラスに働く場合もあれば、マイナスに働く場合もあります。親譲りの向き、不向きもありますから、そこから学んで、自分の特性を知るのもいいと思います。

親子呪縛浄化のコンセプトからすると、自分がその親の子に生まれたのは、親の苦手を克服したり、親にできなかったことを達成したりする役目があるからだと思っていいでしょう。ですから、親はこれができなかったから、自分もできない、とは思わずに、逆に親の「できない」を、自分の「できる」に変えてしまうこと。これが親子呪縛浄化になって、人生を飛躍させてくれるでしょう。

恋愛・結婚に影響する親子呪縛

この親がいるから結婚できないという考えは間違いです。親が結婚するのではありません。自分が結婚するのです

たとえば、親の生活を支えるために、自分の人生のすべてを犠牲にしてしまう人がいます。親のせいで自分は結婚できないと考える人もいます。

親が性格的に問題があって、それで自分は結婚相手を見つけることができないだろうと考える人。親の望むような相手とは結婚したくないので、結婚はできないと考える人。親が病気だから結婚できないと考える人。親に借金があるから結婚できないと考える人。親の職業、出身地、国籍、人種のせいで結婚できないと考える人。

結婚は人の人生の大切な基盤であり、独りでは得られない可能性を生むきっかけであり、親が亡き後の人生の根っこになります。

親子呪縛によって、結婚の可能性を阻まれている人はたくさんいます。親のせいで自分が自由に生きられないのは、親子呪縛です。デートしていたときはうまくいっていたのに、結婚の話となるとその関係がピタッと止まってしまった。その原因が親であることも多いのです。

リーディングで観ると、「ああ、この人、お母さんに会わせたくないんだな」「親の介護をしているのを、どう受け入れてもらえるか、不安に思っているのかな」「家族の性格が強烈で、悪い印象を与えたくないのかな」「家族が借金を抱えているから縁談を進められないのかな」など、本人同士の問題と全く関係のない、親をはじめとする家族が原因で、縁談を進められないこともあります。

親がその家系とその風習を重視するので、家族総出の行事が理解できない人とは結婚できないとか、そういった行事や親戚づきあいが嫌で、結婚するのも嫌になってしまうなど、自分自身とは関係ないその他の理由で、結婚を避けている人も多いです。

結婚を機に自分の人生を仕切り直す、そのくらいの覚悟で結婚して、親子呪縛の浄化に取り組めるのがいいと思います。

親から離れるための結婚にも意味があります

若いうちに結婚する人の多くは、親から独立して、独自のアイデンティティーを手に入れるための最初の第一歩として結婚するのではないかと思います。なので20代で結婚して失敗しても、それは自分のアイデンティティー確立のための試行錯誤であって、それで「自分は結婚に向かない」「結婚運が悪い」などと考えなくていいと思います。

私は、自己のアイデンティティーが出来上がっていないうちの結婚は早すぎると考えるのですが、若いうちから独自の人生の基盤を作りたくて結婚するのは、ポジティブなことだと思います。

20代の結婚は、独自のアイデンティティーを築きながらの結婚です。結婚してから、お互い成長して志が違ってきたりもします。

親に反対されて、駆け落ち同然で結婚しても、結局離婚することになったりしたら、それは**結婚という手段で親から離れた時点で、その結婚の役目が終わった**ということかもしれません。

親に反対された相手と、あえて結婚する人もいます。親に宣戦布告したように思われるかもしれませんが、これは、「私は自分の思い通りに生きる！」と親子呪縛浄化の意志を見せたということです。これは若いときだけとは限りません。何度か結婚と離婚を繰り返して、自分の理想に近づいていく人もいます。

たとえば**外国人と結婚する人は、日本独特の限界や制限を乗り越えたいからでしょう**。親からもらった土台や可能性をさらに超えて、日本の社会の枠を超えた、異なった可能性にかけようとする、そんな自分を讃えてあげましょう。

私が日本在住の方のリーディングをして感じるのは、40歳まで結婚しなかったとか、結婚したけど失敗したという人は、結婚できなかったとか、結婚に向いていないのではなくて、日本の旧式の結婚に合わない人たちではないか、ということです。

日本には、徹底した自己犠牲によって成り立っている文化があります。日本における効率の良さ、日本人の優秀さ、水準の高さは、国民一人一人の自己犠牲によって可能になっているると言えるでしょう。精神的な忍耐力は世界一なのではないでしょうか。

たとえば、「良妻賢母」というコンセプトは、女性があらゆる我慢をすることを抜きに語れないところがあって、そこにプレッシャーを感じる女性も多いです。男性には「一家の大黒柱」というコンセプトがあって、男性が家族を経済的に守るのが当たり前だという、そのプレッシャーが嫌で結婚しない男性がいるのもよくわかります。こういった背景にも親子呪縛があると思います。

少なくとも昭和世代は、そういうことが当たり前で、私の親やその先代は、そのガイドラインに沿って生きてきた人たちです。

魂的な結びつきのない結婚をして、共にサバイバルしていくだけの、まるで雇用主と従業員のような関係になってしまう夫婦も少なくありません。親の代も経済的な理由だけで共存していたのを見て育った人は、それもありだと思うかもしれませんが、それも親子呪縛なので、浄化するべきでしょう。

恋愛したい相手と結婚したい相手が正反対というとき、魂が伝えていること

恋愛対象にしたいタイプの相手と、結婚対象にしたいタイプの相手が正反対ということが、よくあります。親が反対しそうな相手を好きになる。これは親に反発して、親が与えてくれなかったものを、恋愛や結婚で手に入れようとするからです。冷たい家庭で育った人が、愛情いっぱいの家庭出身の人と結婚するのは、親子呪縛浄化になっています。

人は、自分に足らないものを持っている人を好きになります。自分が憧れる生き方をしている人と、人生を共にしたくなります。自分に欠けているものを持っている人に、強烈に惹かれるものなのです。

恋愛は自分を進化させるため。結婚は自分を完成させるため。なので、「この人とは結婚しないと思うけど、付き合いたい」なんて気持ちも湧いてくるのです。

結婚する前に冒険して、恋人から色々吸収して、自分を成長させてから、安定した

人を選ぶ。そうする人がたくさんいます。両極端な選択肢の間で、どちらを選ぶか決められなくて、「自分は一体何を求めているのだろう？」と混乱するのは、「親のダメ出し呪縛」のせいかもしれません。

自分の意思で選びたい相手と、親が期待しそうな相手が、正反対だったりして、そこで迷ってしまう。親が絶対に反対しそうな相手を選ぶことに罪悪感が出てきて、自分の気持ちがわからなくなってしまう。親が、相手の生活が安定してない、年が離れすぎている、家柄や国籍が違う、性格が難しそうだ、などの理由で、子の恋愛や結婚に反対するのは、子を守るためです。とにかくダメ出ししかしない親もいますから、そういう場合は相談しないほうがいいこともあるでしょう。

反対されているのを押し切っても、自分が幸せになれるなら、いいのです。自分を信じて、自分が選んだ人を信じて、幸せに生きることを貫けば、親の偏見が修正されて、親子呪縛が浄化されるでしょう。

結婚相手は自分を証明するアイデンティティーです

人は自分のアイデンティティーを探求する生き物です。人生で抱く充実感は、まず納得のいくアイデンティティーが確立できていることが一番大切で、結婚においても、自分の結婚相手が、自分のあり方を証明してくれる人でないといけないでしょう。

「魂婚」は魂的なつながりで、お互いのアイデンティティーを支えるためのものです。結婚相手も自分のアイデンティティーの一部です。魂的に、「自分もあんな風に生きたい」と思う人に惹かれ、結婚したくなるのです。

肉体的には、「この人のDNAが欲しい！」と感じさせる相手の子どもが欲しくなったり、サバイバル的には、「この人のような暮らしがしたい」と感じさせてくれる人と結婚したくなるのです。

魂とアイデンティティーが共有できる人と出会えば、「この人だ！」とピンと来ます。魂婚が与えてくれるものは、「この人となら、どんな環境でも、幸せに生きていける！」という「生活力」や「希望」です。そういう人と共に暮らしながら、自分の生い立ちからくるポジティブな経験を活かし、ネガティブな経験を覆して、親子呪縛の浄化をするために、結婚すると考えてください。そして、そういう相手を見つけ出すために、日本中、世界中に探しに行くべきだと思います。

人生を分かち合える本物のパートナーを見つけるより、ほぼ縁のない架空の相手の存在を、夢見ながら生きることのほうが好きな人たちもいます。そういう人は結婚に向かないので、避けてください。

「親が納得しそうな人と結婚したけど、結局上手くいかなかった。全く愛されていないと気がついた」

そう感じる人は、離婚するかどうかは後で考えるとして、残りの人生に納得できるように、自分のアイデンティティーを仕切り直しましょう。

本来はどういう人を好きになるべきなのか。どんな人たちに囲まれたら幸せに生きていけるのか。そのために自分が提供できるものは何か。自分は誰で、何をする人なのか。そのアイデンティティーが不明だと、本当の自分を、正しく認識してもらうことも、好きになってもらうことも、できません。

本当の人生は、本当のアイデンティティーが確立してから始まるのです。

自分が望むアイデンティティーが決まるまでに長い年月がかかるものなので、先に結婚して家庭を持ってから、それがわかる人もいます。その場合は、仕事や趣味などで自分のアイデンティティーを確立することもできますし、魂の同志といえるお友達に囲まれながら、魂が満たされる人生を送ることもできます。

望む生き方の違い、望むアイデンティティーの違いで、夫婦としてやっていけなくなることがあっても、そこにたどり着くまでの道を一緒に歩んできたことが、理想のアイデンティティーを明確にする経過だったのは確かです。気が付いたら結婚相手は、自分の理想とは全く違ったと思うようなことがあっても、結婚しようと思った当時は、共有できる理想や志があったのでしょう。しかしこれは、時間や時代と共に変わっていくもので、時を超えて不変の志を共有できないと、夫婦として一緒にいる意味が、わからなくなったりするのです。

完璧すぎる母親から発生するコンプレックスという呪縛

母親があまりにもできすぎていて、何でも器用にやってしまう。それが愛情表現の方法であり、完璧な母であり、妻であることをアイデンティティーにしている。自分は同じようにはなれないから、結婚は無理かもと考えてしまう女性が少なくありません。

家事や料理が上手というのは、家族の生活のクオリティーを豊かにするために、評価されることではありますが、それが下手だからといって、妻として母として劣っている、というわけではないはずです。男性にとって母親は、将来の妻に何を期待するか考えるにあたっての、ガイドラインになります。母親と同じクオリティーを求めるかもしれませんし、母親と正反対のクオリティーを求めるかもしれません。

母親があまりにも、何でもやってしまうことで発生する親子呪縛もあります。母親に先導され、支援され、人生を乗り越えてきた子は、一生涯そうやってサポートしてくれる人が欲しくなるものだと思います。そういう人にとっては、サポートしてもらうことが、愛されるということなのです。

逆に、母親が子を全く助けないと、子は自立するのが早いかもしれませんが、それも親子呪縛の原因になります。何でも自分でやらなければいけなかった人は、パートナーにサポートを求められるたびに、「何で自分でできないのか？」と思ってしまうのです。

家事や子育ての苦悩を一人で抱え込まないで、パートナーと協力し合える関係を築いていけることが理想的だと思うのですが、**夫婦でお互いに、親に与えてもらえなかったことを、満たし合っていくという役目も大切です。**それは必ずしも家事などの完成度で測れるものではなく、お互いの話を聞いたり、苦手なことを支え合ったりすることだったりします。

純粋に人生を豊かにしたい、楽しみたいと思うと、自然と美味しいものを作ってみよう、心地のいい住環境を探求してみよう、素敵な人とつながっていこう、そんな風に望むようになると思うのです。相手をどれだけ理解してあげられて、必要なサポートをしてあげられるか、たとえ不器用でも、相手を愛していれば、肝心なときに力を発揮してあげられると思います。

自分を完成させるための結婚とはどういうものなのかを、自分の中で明確にしていくことが大事だと思います。

お母さんの家事が完璧すぎた結果、自分は家事をやるチャンスがなかった。それで結局家事が苦手になったという人も多いです。これも親が良いと思ったことが、マイナスの結果になってしまった親子呪縛ですね。家事が上手なお母さんに、時々手伝ってもらう関係も良いと思います。結婚してから、お母さんに習うのも、親子呪縛浄化になるでしょう。

父の浮気やギャンブル…我慢するしかなかったお母さんを責めないでください

夫が浮気をしても、妻が耐え続ける理由は、経済的に夫を必要としていたり、子どもの父親として、いないよりは、いてくれたほうがいいと考えたりするからでしょう。夫がどんなに浮気をしても、ギャンブル好きで浪費がちでも、ずっと妻でいるのは、母親の選択です。妻の座に居続けることのほうが、価値があるという判断なのです。時間をかけて離婚の準備をするつもりなのかもしれませんし、準備が整わない離婚はダメージのほうが大きいので、無理はさせられません。親の結婚は自分の結婚ではないので、あまり介入できないと思うのですが、もし親が離婚を望むのであれば、理解してあげるくらいしか、子にできることはないです。

そういう親の姿を見て育つと、自分が結婚相手に浮気されたら、どんな対応をするか考えてしまいますよね。理由がどうであれ、浮気されたら絶対に別れるとか、場合によっては我慢して許すかもしれないとか。

昔は、「浮気は男の甲斐性」と言われ、浮気をする男性は、経済力や人としての魅力など、実力がある証という見方もありました。今となっては時代遅れな感じがしますが、「母も我慢してたから私も我慢する」と考える人もいて、愛する父親が浮気をしてしまうのをどう受け止めていいか、わからないままになってしまう人もいます。

または自分も浮気性であることを認め、それは父親譲りだと開き直って、親と同じカルマを繰り返しても、不思議じゃないと考える人もいます。

人はいくつになっても再婚できます。再婚しなくても、自分の気持ちを大切にしない相手と、耐え忍びながら共存していく苦しみを浄化するのは、そこから解放される喜びのみではないかと思います。どうしても離婚が無理な場合も、魂的に離婚することはできると思います。

「この人のために我慢させられるばかりの人生だった」そう思わないで済むように、精神的に解放されることを勧めてあげてください。魂のアイドル的な存在の人を見つけるのもいいでしょう。我慢することしかできなかったお母様を責めないで、魂で結ばれる、魂婚のコンセプトについて教えてあげてください。

ネガティブな男性観を一掃する素敵な出会いを見つけましょう

ワンマンなタイプの父親に母は言いなりで、子にも父への絶対服従を強要してきた。だから自分は結婚したくないと考える人もいます。まずは世の中の男性はそんな人ばかりじゃない、父親と真逆のタイプの男性もたくさんいることを知ってください。

そういう父親のもとで育った親子呪縛を浄化するには、まず自分の中にある男性に対する固定観念を、浄化するところから始めましょう。そして知らないうちに身についた、男性に対する不信感や嫌悪感、怒りなどを浄化してください。付き合うところまでいかなくてもいいので、まずは自分の中に塗り込められた、ネガティブな男性観を一掃してくれるような、素敵な男性を見つけてください。そして、そういう人たちと何らかの交流をしてください。

インストラクター、会社の人、バイト先の人、店員さんなど、あらゆる場所で、父親と真逆のタイプの男性を見つけてください。

オンラインでそういう人たちの活動を追うのもいいでしょう。自分勝手で強引な父親は嫌だと思っているわりには、それを男らしさと認識しているところが、必ずあるものなのです。だから優しすぎる人を前にすると、強引なところがなくて、ちょっと物足りないと感じてしまって、結局自分の父親と同じタイプの人を選んで、同じ苦労を繰り返す人も多いです。

抑圧的なところが嫌だと思っていても、そこに男らしさを感じてしまうならば、それは浄化したほうがいいと思います。

「結婚は自分を完成させるためのプロセス。それが叶う相手を選ぶ」「魂が満たされる結婚をする」この2つのルールを守ることができれば、間違った相手を選べなくなると思うのです。

親の離婚で子どもが乗り越えるべき魂の課題とは

平穏な夫婦だと思っていた両親が、突然離婚すると言い出した。これは両親が夫婦間で問題があったのを、これまで隠していてくれたということですね。突然浮気がバレたり、実は長年離婚を計画していたと知らされたり。これは両親が魂婚してなかったということです。子のためを思って我慢してきてくれたことに感謝して、あとはご本人たちが後悔しない選択をしてもらうことにしましょう。

そしてここで、親子呪縛が発生します。自分自身の結婚を考えたときに、あんなに平穏に見えていた関係も偽りだったのかと思うと、恋愛不信、結婚不信になってしまう人もいます。

ご両親の結婚がダメになってしまった原因を知ることで、自分が同じような失敗をしないために気をつけることは何かを知る。これは親子呪縛浄化のプロセスです。これが自分自身の結婚を救ってくれるかもしれません。

離婚は、経済的にも、精神的にも、体力的にも消耗するものですから、皆にとってダメージが最も少ないタイミングで離婚できるように考慮するのが一番です。

家族ができてからの離婚は、大海で大船に乗っていたのを、一旦救命ボートに移って、次に乗る船を見つけて乗り移る、そんな作業です。

子は、親の離婚の原因が自分にあるかもしれないと考えてしまうもので、特に幼い子ほど、そう感じてしまうそうです。しかし、離婚はあくまでも本人同士の問題です。

親の離婚は、自分の結婚の可能性に施錠してしまうくらい、大きな悪影響がありま す。**自分自身も幸せな結婚ができないのではないかと疑ってしまうなら、だからこそ幸せな結婚をして、親の離婚でもらった不安やネガティブな考えを浄化するようにしてください。**子が幸せな結婚をすることで、親も浄化されるでしょう。

親に愛していると言われたことがないなら、自分から「愛している」と言える人になりましょう

親が子に愛していると言えないのは生い立ちや結婚生活、心の病などの原因があるはずです。自分が愛されていないと感じるから、自分からも愛せないのでしょう。自分が子を愛しているつもりでも、子がそれを返してくれないとか、夫が愛情表現が下手で、子も同じく愛想がないと嘆く人もいますが、家族は言葉で愛を伝えてくれなくても、どこか別の形で愛情を示してくれていないでしょうか。

親は愛情いっぱい育てられた人でしょうか。それとも冷たい家庭で育った人でしょうか。金銭的な負担を支え合うのが愛情だと思っているでしょうか。不平不満ばかり言っても聞いてもらえるのが、愛だと思っているでしょうか。愛憎が混同してしまうタイプでしょうか。どんなに厳しい環境で育った人も、魂的な愛を求めるべきです。

子は親に「愛してるよ、幸せでいてね」と言われることで、自分の存在価値がわかるのです。親に愛していると言われたことのない人は、自己評価が低く、自信を持て

なくなってもおかしくありません。人はどれだけ愛されているかで、自分の価値を感じるものですから、自分の子ども時代にはなかった愛情いっぱいの家庭を夢見ることは、親子呪縛浄化のプロセスです。**まずは自分が誰かに「愛している」と言えるようになることが、呪縛浄化のきっかけになります。**

愛情にきちんと愛情で応えてくれる人を見つけてください。誠意ある人、愛の大切さがわかっている人と、愛し愛される関係になれるように、自分は親の闇から出て、光の世界にいてください。

親に殺されそうになり、捨てられ、それでも素晴らしいパートナーと出会い、里子をもらい、子どもたちと動物に囲まれながら、自分の一生を、愛が必要な子どもたちの救済に人生を捧げていらっしゃる方もいます。これは親子呪縛のネガティブなカルマを、最高に素晴らしいカルマに転換した例です。愛していると言われたことがないことに、コンプレックスを持たないように。それで人を嫌いにならないように。愛し愛される関係になれるかどうかは、自分の選択次第です。

親に愛していると言ってもらえなかったのは、あなたのせいではありません。闇に棲む親に光をあてるより、親を闇から引きずりだすより、自分が**「我が子を愛せる親になる」ことのほうが、親子呪縛浄化になるはずです。**

結婚で、親にもらえなかった愛を手に入れる

親にもらえなかったものは、自分で手に入れるしかありません。親を責めても何も出てこないからです。親が不在の場合も、ないものはない、仕方ありません。

私自身、自分の暗黒の子ども時代を取り戻してやる！　そんな気持ちで結婚することを選びました。私の場合は、親が私を苦しめようとしたのではなく、私が生まれた時点で、親自身が問題を抱えて苦しんでいました。親だって何も問題がなければ、闇に陥らなくても良かったはずです。

その闇の中に生まれた私は、自力で光の世界に出ることにしたのです。とはいえ、どんなに問題を抱えても、絶対に闇に入らない親もいます。お金がなくても、病気をしても、魂的にいつも光の世界にいられる親に恵まれたら、何がなくても最高の幸せに恵まれたと思ってください。

自分の親にもらえなかった健全な愛は、自分のパートナーと育んでいくのが、親子

呪縛浄化になります。

ですから、親に愛してもらえなかったと感じる人、親に愛されていたとは思うけれど、それが歪んでいたと感じる人が、自分を愛してくれる人と支え合う人生を築くことは、純度の高い幸せを手に入れるのに、必要不可欠だと思います。

魂的に不健全な結婚をする人は、その場しのぎの関係が多く、将来に向かって末長く幸せに生きていくための、自分のルールがないような印象を受けます。生きていくことに振り回されて、人生を魂的に観られない。過去も未来も考えないで、今を乗り切るのに精一杯。そして、どうしてそうなってしまうのかというと、抱えている闇が大きすぎるからです。すっぽり闇の中に棲みついてしまっていて、その闇から出たことがない。そして同じ闇に共存できる相手を選んでしまうのでしょう。

だからこそ、愛情いっぱいに育った人と出会い、愛し合うことを学び直す必要があるのです。健全な愛情表現ができる人と結婚して、その呪縛を洗浄するのが自分の課題だと思っていいでしょう。あたたかい愛情のやりとりを、自分の生涯をかけて学んでいく。愛情いっぱいのパートナーを見つけて、愛の素晴らしさを味わってください。

これは成功するとか、出世するとか、そんなことより大切なことで、純度の高い幸せを感じるには、必要不可欠なことだと思います。自分も子を愛する立場になったときに、自分の経験した苦しみを繰り返さない、という決心ができると、親子呪縛は浄化されます。

親にもらえなかった愛を手に入れるには、自分がちゃんと恋愛しないといけないのです。**誰かを愛し、誰かに愛される関係でしか生まれてこないヒーリング・パワーが、親子呪縛を浄化するのだと思います。**

自分を愛してくれない相手に、ひたすら愛情を注ごうとしてしまう。真剣に付き合ってくれない相手に、無理やり愛していると言わせようとする。ダメなのがわかっていても、捨てられるのが嫌だとか、二番目の恋人でも愛人でもいいと考えてしまう。愛してると言ってもらえなくても、付き合えるだけでいい。愛されたいのに愛してもらえない。そんな負の連鎖は自ら切ってしまいましょう。自分から一方的に好きになるだけの相手は、魂のアイドルにして、その人を好きな理由をガイドラインに、魂的なパートナーを見つけましょう。自分を愛してくれる人以外、将来性はないのです。

コラム

魂婚とは？

私がサイキック・リーディングで、人生のあらゆる局面の価値を考えるにあたって、「魂的かサバイバル的か」という判断の仕方をします。魂を満たすためのものか、サバイバルのためのものなのか。結婚も、魂的に結ばれた結婚のことを「魂婚」と呼んで、サバイバルだけのために結ばれた結婚を「サバイバル婚」と呼んでいます。

夫婦は共有できる目標や志がないと、気持ちが離れていってしまいます。子を育てるという目標があったとしても、子はいつか巣立ってしまいます。それ以上に同じ夢や希望を共有できないと、ただ生活を支え合うだけ。それは「サバイバル婚」になってしまいます。

サバイバル婚が悪いというわけではありませんし、結婚とは元はサバイバルのためにできたシステムだと思います。特に女性が経済的に自立できなかった時代は、結婚でサバイバルしてきたのです。しかし現代を生きる私たちは、ただ生活していくこと以上の意味のある人生を望んでいます。そしてそれは魂が満たされる人生です。

魂婚をするためには、自分の魂は何で満たされるのかを知らないといけなくて、そのためには魂的な観点で物事を捉えて、魂的に価値のあることを優先して生きないといけないのです。

魂のこもった演奏、魂のこもった言葉、魂のある判断。「魂的」という言葉は、「血の通った」という言葉に置き換えることができるでしょう。

逆に、「サバイバル的」というのは文字通り、その時々の都合だけで、その場しのぎを積み重ねるような判断の仕方です。今をサバイバルするために、目の前にあることだけを考えて、一つの判断が周りに悪影響しようが、その後、問題に発展しようが、その時々で都合が良ければ良しとしてしまう。生活が安定していれば、愛し合ってなくてもいい、みたいな結婚はサバイバル婚です。そしてサバイバル婚は、浮気、離婚へと発展する原因になります。魂的に満たし合える「魂婚」だけが、不変の幸せを育み続けるのだと思います。

お金に困っても、魂までは蝕《むしば》まれないでください

私たちは、お金の問題に精神的にも肉体的にも影響されやすいものです。お金の心配や苦悩を魂的な価値観で乗り越えていくには、サバイバル的に「お金がある」「お金がない」というとらえ方をするのではなくて、魂的に「お金が活かせるチャンスがある」「お金がかからない方法を考えるチャンスがある」と考えてみてください。

そして、お金を作れるチャンスは誰にでもある、自分にも必ずあるはずだと信じてください。大金持ちになるのではなくて、**自分に必要なお金を作る。お金に困っても、それで魂を蝕まれてはいけません。**貧困によって肉体を蝕まれると、魂にも影響が出ることがありますが、**どんな貧困にさらされても、魂を健全に保てる人もいるのです。**

お金のことを心配する悪い癖がついて、どうしてもお金に対して楽観的になれない人も多いですが、それは習慣病のようなものだと思います。そして、お金が原因の親子呪縛は、とても一般的です。お金が原因で家族が崩壊するのは、お金のために魂が闇に入っているのでしょう。

金銭的な苦悩は自分が取り組むべきチャレンジです。お金さえあったらと思うのであれば、そのお金をどうやって作るか考え、それを実行することが、人生を開いていくのです。お金がかからない方法を考えるのもいいでしょう。お金を稼ぐより、使わないようにしたほうが、結果を出しやすいこともあります。お金をかけないで目標を達成する方法は必ずあるはずです。お金と同等のチャンスというのがありますから。

お金のことで喧嘩をするのは、愚かなことです。しかし、お金に感情的になってしまう人がどれだけ多いことか。お金を精神的にどうとらえるべきかを教えてくれる親がどれだけいるでしょうか。

お金に代えられない価値のあるものについて、話し合うことがあるでしょうか。親自身がお金のことに振り回され、お金のことで感情的になり、お金のことで家族を苦しめてしまうと、それが親子呪縛を生み、家族関係に大きな問題を生むことになります。誰がより多くお金を持っているかで、価値を認識するのではなく、**お金と精神を切り離してみることも大切にしましょう。**お金に困っているときでも、お金では得られない幸せを感じ続けることができるでしょうか。お金の問題は、健康の問題と同じように、いつも共存していかなければいけないものです。

金銭的なストレスが、家族を壊していくべきではないのに、家族を支えていく経済的なプレッシャーから、パートナーや子に冷たくあたってしまう親がいます。

お金のことを考えると家に帰るのが嫌になって、毎晩家族が寝静まるまで帰宅しないとか、お金持ちの恋人を作って家を出ていってしまうとか。お金のことが心配で、仕事を辞めるのも怖いし、家族を失うのも嫌、それでも家に帰ると家族につらくあたってしまう。家族と口をきかなかったり、部屋に引きこもったり、いじめ、暴言や暴力にまで発展してしまう。家族みんなが働いて、経済的に支え合うことで改善される場合もありますが、お金の問題が、家族間の愛情を壊すべきではないのです。

ビジネスの世界は、いかに、どれだけお金を稼ぐか、という価値で回っています。稼げば勝ち、稼がなければ負け、そういった価値観は、人の魂的な価値を尊重することはありません。「稼がなければ人間として価値がない」そんなふうに家族のメンバーに責められる人もいますが、その家族は魂の存在を忘れているのでしょう。

「裕福な生活ができなければ不幸」という人は、生い立ちなどの親子呪縛に影響されているのです。より経済的に自由になることで、人は幸せになれますが、お金だけあっても、魂的に満たされていないと、そのお金をどんどん浪費してしまうだけです。お金を使う快楽で魂を満たそうとしたものの、結局は魂的に何も見返りがない。お金を稼ぐスリルと、それを使うスリルを交互に重ねる、終わりのないサイクルです。

たとえば1万円のランチと、素材100円のランチで得られる幸福純度は、魂的に満たされているかどうかで決まってきます。1万円のランチのほうが幸福度が高いというものではないのです。おにぎり1個でも、好きな人に握ってもらったものは格別な味がすると思います。積極的に、お金で買えない幸せを味わってください。


お金に困ったときは、自分の人間力と想像力を伸ばすチャンスです。

「なんとかして、お金を稼がなくちゃ！」そんな苦境に追い込まれているときほど、人は強いものです。「何でもやるぞ」と思えることが、未来の可能性を開拓していくパワーになります。

親が与えてくれるものが多すぎて発生する親子呪縛もあります

裕福なご家庭にもお金の親子呪縛は発生します。

富裕層にはお金があるが故の苦労があります。お金持ちだというアイデンティティーを超えて、魂的な魅力を感じてもらえる人になれるか。人間関係ではお金目当てだけで近づいてくる人がどうしても出てきます。そして高いステータスには競争がつきもの。みんな自分を利用しようとしている、そんな思いに悩まされる人が多いです。

お金の影響が大きいライフスタイルの中で、魂的な結びつきを感じられる人にどれだけ出会えるか。同じ志を共有できる人に出会えるか。お金では買えない独自の達成感や幸せを手に入れることができるか。魂が満たされる人生を送ることと、お金があることは、必ずしも関係なかったりするのです。

たとえばお金で名声や学歴や人脈は手に入っても、天性の驚異的な才能は買えませんし、お金持ちなだけでは尊敬されません。何で稼いだのかも問われますし、社会的ステイタスは、お金があるだけでは認めてもらえないものです。

家族間では、誰がより親のお金の恩恵を受けられるか、そこに力関係ができあがって、これが嫉妬や競争になっていくこともあります。家族間の金銭問題は、みんなが均等に公平に恩恵を受けられないと、お金の親子呪縛を生みます。

裕福が故に、親が子に与えることが当たり前になってしまうと、子は自力でお金を稼ぐ力がつきません。お金の話をしたり、自分でお金を稼いだりすることはみっともない、お金は家から与えられるものという、一般家庭とは真逆のコンセプトも成り立ちます。これも子の可能性を施錠する親子呪縛だと思います。

親の成功と同じレベルの成功を子に求め、それができないと認めないという親子呪縛。親が子にお金で買える幸せしか教えてあげられない親子呪縛。お金を浪費することしか知らずに育つ親子呪縛。お金持ちかどうかだけで人の価値を判断するようになる親子呪縛。これも子が気づいて浄化していかなければいけないことです。

親子呪縛のおかげで海外進出する人たち

インターネットのおかげで、私は世界中に暮らす日本人の方々のセッションを、させていただけるようになりました。みなさんが、日本を出て暮らしている理由の根底には、親子呪縛があることが多いです。

私自身、出身地の大阪から東京に移っても、親子呪縛を冷静に捉えるための、親子の距離は不十分でした。日本国内にいる限り、親を置いて家を出てしまったことは、「親不孝」であると考えてしまう。家を出たことを新しく自分の人生を開拓していくと捉えるのは難しかったのです。そのためには根本的な自分の思考回路や観念を新たにしなければいけない、と渡米することにしました。女性の権利や可能性にしても、きっとニューヨークなら、先進的な視野で学べることが多いだろうと思ったのです。
私がそうしたように、日本の日常から離れて、自分の人生を見つめ直すために、ニューヨークに来られる方は、たくさんいらっしゃいます。

今でこそ無料で国際通話ができるアプリが普及していますが、昔は国際電話代が高くて、親を心配して通話料1万円覚悟で国際電話したのに、くどくど文句を言われ、「だから日本を出てきたんだ。だから親とは住めないんだ」と再確認するための勉強代を払う人の多いこと。海を越えても「お前はダメだ」と言い続ける親。親子呪縛に苦しんだ人は、経験があるのではないでしょうか。

たとえば、親が選んだ土地に住み続けなければいけないことが、子の可能性に施錠することもあります。
人は朝起きたときに、「ここにいられるだけで幸せ」と思える場所に住むべきです。生まれ故郷に愛着と執着が持てるかも、親が子に教えるものです。故郷に愛着があっても、親に苦しめられていては、その土地で生きていこうとは思えないでしょう。

家長制度や財産相続という、サバイバル的なシステムのために土地に執着することが、人の可能性を犠牲にすることにつながることもあります。先祖代々、隣人たちから嫌がらせをされ続けてきて、その土地に住み続けることそのものが不幸である、というケースもあります。

海外に住みたいという気持ちがある人は、魂的にリセットしたいことがあるのではないでしょうか。

私は恐れずに海外に住んでみることをお勧めします。コロナ禍で移動が難しい場合は、行きたい国のカルチャーや現地のことを学んだり、語学を学んだりするのもいいでしょう。オンラインで海外に結婚相手を見つけてしまう人もいるのです。異国のカルチャーから、親子呪縛浄化の方法を学べるかもしれません。

「なりたい自分」か「親の期待」か、答えは魂が教えてくれる

「親が勧めた道に進まなかったので、自分はダメな人間だと親に言われます」

これは、よくあるご相談です。

職業を選ぶとき、安定性を選ぶか、不安定でも自分の好きな職業を選ぶか。

これにも親の期待が影響してきます。親がせっかく最善を尽くして、お金も時間も労力も費やして、安定した人生を歩めるように道を作ってくれたのに、そこから外れて全く関係ない不安定な道を選ぶとなると、申し訳ない気持ちになるのです。

ステイタスと収入が高く安定した仕事、例えば医者、弁護士などになってもらいたい、または家業の後継者になってもらいたいと親には期待されたけれど、自分はそれと全く関係のない、不安定な道を選んだ。それが良かったのか、道を間違ったのか、親の言う通りにしておいたほうがチャンスがあったのか。そんなふうに迷いながら、

親に申し訳ない気持ちで一生を過ごしてしまう人がいます。これも親子呪縛です。**自分で選んだ生き方に劣等感を抱かないでください。親の期待に応えられないことで劣等感を感じないでください。**

親の希望する職業につけたかどうかと、「ダメな人間」かどうかは全く関係ないはずです。どんなにキャリア上の地位が高くても、人格に問題があったり、権力を乱用したりするようなら「ダメ人間」ですよね。

「親が何と言っても、自分はダメ人間じゃない」と思ってください。

収入が安定していることだけが子の幸せだとは言えません。収入が不安定でも、好きな道を選べることも幸せです。

親がお金のことを優先して出来上がった闇を、子は魂的に光で満たしたくなるものです。自分が選んだ道を信じて、自分に合ったペースで、自分が選んだ人生を生きられることに感謝しましょう。

実家の家業を継ぐか継がないかについて

地元に広大な土地があって、その土地と農業を引き継いで、養子をもらって欲しいと親に望まれた人がいました。しかし、その人の夢は海外に住むことだったのです。海外青年協力隊のような活動をしたい、そんな夢がある人でした。

これはまさに、**魂が親子呪縛浄化のために、自分が置かれている環境そのものから変えてしまおうと望んでいる**ということです。

その土地を活用するために、海外から人材を募って、未来的な農業を試みるとか、自分が海外に行けないなら、海外の環境を自分のところに持ってくる、という発想も面白いのではないかと思います。そんなアイデアを出してくれる人となら魂婚できそうじゃないでしょうか。

実家の家業がどうしても嫌なら、それを自分の代で変えてしまうのも、親子呪縛の浄化です。

実家を継がないのは親不孝なのかというと、嫌々ながら継いで、親を恨むようになるほうが、親不孝だと思います。嫌でも家業を継ぐしかなかった人は、副業で自分が本当にやりたいことをするなどして、親子呪縛浄化ができると思います。

親の家業とは別の職業を選ぶ大変さもついてきますが、少なくとも、一度は自分なりの道を模索してみるべきです。その結果、家業を継ぐことにしても、そのときは魂的にも覚悟ができているでしょうから、もう後悔はしないでしょう。

養子をもらうのも、親に言われたから、という理由だけでは、親子呪縛が発生しそうです。

何事も、親子で共有する志があった上で継承されるべきで、世代を超えて広がる夢につながっていくべきです。

子どもの頃にやらせてもらえなかったことに取り組んでみましょう

親が子の意志にことごとく反対する。この理由は様々です。判断力のない子が、親の想像を超える自由な発想で何かをしようとするとき、危険が伴うなどして止めざるを得ない場合があります。危なっかしいことばかり思いつく子もいますから。

そういった理由ではなく、ダメ出しをするほうが楽だから、ことごとく反対をしてしまう、習慣的にとりあえずダメと言ってしまう親もいて、これは問題です。知らないこと、面倒くさいことには、とりあえず反対する。子を支配するために、子の意欲を封じ込めるように反対する。親自身もその親に何かと「ダメ」と言われ、我慢させられ続けたからかもしれません。

こうして親子呪縛の根っこができ、子の可能性が施錠されます。私は、戦中戦後を生き延びた祖父母たちから、何でも我慢するのが当たり前だった時代の話を聞いて育ちました。今でも日本では、幼少期から何かと規制されることが多く、大人になっても「社会人になる＝順応する＝我慢する」といった観念で、自分自身をとことん規制してしまう人もいます。

「我慢することで解決する」これにはいつか限界がきます。

親が反対することは、**「親には無理でも私にはできるかもしれない」と考えてください。**

方向転換するために、いきなり安定している道を捨てて、自分を新しい環境に放り込んでしまう人もいれば、安定した仕事をキープしながら、少しずつ方向転換する人もいます。

子どもの頃に親にやらせてもらえなかったことに、大人になってから取り組むのも有意義なことです。親は子の夢に反対したことを、すっかり忘れていたりもします。

大きく道を外れなくてもいいので、本当にやってみたかったことを、やってみてください。勉強でも、お稽古ごとでも、趣味でも、仕事につながることでも、なんでも構いません。本当にやりたかったことをすると、本当に出会いたかった人に出会えるはずなのです。人とのつながりによって、人生が開けていきますから、これまでと違った手応えが期待できるでしょう。

コラム

本音とタテマエのどちらを優先するか

魂リーディングをさせていただくとき、人の「本音」と「タテマエ」が露わになって、そのどちらを優先するか、考えなければいけないことがあります。

本当はやりたくないことも、タテマエだからやらなければいけない。タテマエでやっていることに振り回されて、本当にやりたいことができなくなる。付き合いたくない人とタテマエで付き合う。好きでもないのに、親やまわりの人が安心しそうな人と結婚するなど……。

タテマエが邪魔をして、自分の望む方向に進めなくなることは、よくあります。

このタテマエは基本的にサバイバルのためにあって、そこに親子呪縛が絡んでいることが多いです。**人が「本音」と「タテマエ」を使いこなして生きるのは、極めてサバイバル的**です。魂優先の価値判断で、本心に忠実に、現実をそれに近づけていく生き方をすると、生き方が違う人や生きる志が違う人とは付き合えなくなるものです。「タテマエ」を尊重するのが、悪いというわけではないのですが、魂的に生きると、「本音」だけが物事の善し悪しを判断する基準になります。

自分にとって魂的に意味があるか。魂的に磨かれることか。魂的に輝けることか。それによって魂が安らかでいられるか。これらを大切にすると、タテマエでやらなければいけないことは、避けたくなるものだと思います。

私は、魂的に自分の理想に近づいていくことが、一番幸せなのだと思います。そうすると日々の生活の中で、魂的な志が同じ人、魂的に通じ合える人、魂的なルールに沿った価値観や品性を守っている人とだけ、付き合いたくなります。友達にしても、パートナーにしても、同僚にしても、志や品性を共有できる人としか、長く続くお付き合いはできないと思います。

自分のアイデアが先に出て、それに成功がついてくる人と、成功するためにアイデアをひねり出そうとする人がいます。

双方とも、「成功する」という共通の目的があるように見えますが、「志」は全く違うと思います。アイデアを活用して成功したいという情熱は、自分や他の人を幸せにしたいという気持ちがあってのことだと思います。

なんでもいいから経済的に成功したいという気持ちは、まずは自分を満たすためのものです。成功するためには手段を選ばない、嫌な人だと思われても、あくどいと言われても構わない人と、成功するにも品行方正に、魂に陰りのない姿勢を貫く人がいます。

お金も、本当に人から感謝されて発生するお金と、人を蝕んで発生するお金があります。

同じお金でも、浄財のようなお金を稼いでいる人と、そうでない人では、様々な価値観にズレがあると思います。タテマエがあると、その価値観のズレを無視して、結果のためだけに共存しようとすることになります。すっごく嫌な人と我慢して働くとか、我慢して付き合うとか、そういうのはタテマエで付き合っていて、魂的なつながりはないでしょう。

本音とタテマエの間でウロウロ悩む人は多いですが、いつまでもタテマエに縛られてないで、それが自分の魂を蝕み始めたら、本当にやりたいことに移行するときだと思ってください。

サバイバルな家族、魂の同志としての家族

家族を助けようとすればするほど、結局は苦労ばかりさせられて何も返ってこない。そんな気持ちになってしまうのは本当につらいものです。

しかし、家族に傷つけられたり、利用されたり、攻撃されたり、自分を否定されたりする人は多く、そういう家族関係に疲れて、「せっかく家族として生まれてきたのに、どうしてこんなにイガミ合うのでしょう?」「家族は魂の同志ではないのでしょうか?」という質問をよくいただきます。

私は、家族は同じ親から肉体をもらっている同士なだけで、魂は別々のところから来ているのではないかと考えます。人の性格や体質は肉体に属するものです。遺伝で

先祖代々受け継がれるのですから、家族間で皆が共有するものがあるはずです。この性格、体質の欠点を魂的に精進して補っていくべきなのです。

まず親が家族で魂的に支え合える関係を築くこと。これができなければ、家族はサバイバルのために、お金でつながっているだけになってしまいます。**家族間で魂的な同志として人生を共にできるようになるには、家族として共存しながら修行を積むように生きることです。**まずは親が子と魂的に結束できるように、子育てをしないと始まらないでしょう。

兄弟姉妹は血がつながっていても、性格はバラバラです。お互いの魂を支え合えることを大切にすることを学ぶには、両親が魂婚をしていることも大切だと思います。そうでない場合、夫婦関係も親子関係もサバイバルの関係のまま、兄弟姉妹間もサバイバルの関係のままになってしまう可能性が高くなります。

サバイバル系に偏った家族は、家族間の力関係、優先順位、金銭的なこと、すべてにおいて「取るか、取られるか」みたいな関係になることもあり、普段は全く連絡がないのに、困ったときに頼るためだけにつながっていたりします。

魂レベルで共有できるものがなく、お金のやりとりだけが家族の関係を築いている。それが将来、子の恋愛や結婚にも影響するかもしれません。

兄弟姉妹間の理不尽と不公平について

姉が実家でご両親と同居していて、妹は子どもの頃から、姉ばかりが親に可愛がられているように感じていたこともあり、早くから家を出て自立している。

私がよくご相談を受ける典型的な悩みは、「姉は家にお金を入れるわけでもなく、食事の世話や洗濯など、家事はすべて母なのに、自分は一人で両親の面倒を見ている、だから家を出られないと、妹に文句を言ってくる。妹が、たまに実家を訪ねると、ちょっとした『よそ者』感があって、とても気を使ってしまう。姉は『ここは私の家』と言って、将来遺産相続するときは、自分の取り分が有利になるのが当たり前だと言ってくる。姉は実家に居候して気楽に過ごしていると思いきや、家を離れた妹の犠牲になっていると感じている」というケース。

兄弟姉妹間で、自分ばっかり我慢させられていると感じる人が出てくる背景には、いろいろありますが、親は子を平等に育てていると思っていても、子の才能や性格、相性などから、家族間での優劣を感じてしまう状況が、できてしまうのでしょう。

親はこれを浄化しながら子育てしないといけないのですが、兄弟姉妹間の平等を徹底しようとしても、みんなの個性も希望も違いますし、どうしても差が出てしまうものなのだと思います。


この姉の自由は、妹のせいで決まってくるのではなく、親との問題です。姉も実家以外にどうしても住みたい場所があるのなら、その夢は実現するべきです。親と一緒に住みたいかそうでないか、これも自分が後悔しないための選択です。

一人暮らしは、自由と引き換えに経済的な責任が出てきます。それが怖くて家を出たくない。そんな気持ちが根底にあるのを隠して、妹が出ていったから私が家に残った、と妹を責めるのは不当でしょう。

妹にとっての魂的課題は、まずは自分が家を出ることにした原因になっている親や姉に対するネガティブな気持ちを浄化すること。これは、天のゴミ箱に返上してしまっていいでしょう。


天のゴミ箱は、私がイメージして愛用している架空のゴミ箱です。怒り、焦り、迷い、不安など、自分が抱えたくない感情や、人からの嫉妬など、自分の力でコントロールできないネガティブなエネルギーをそこに捨てる、またはストレージに入れて、執着を切り離すために時間を置くような感じで、いらない感情を丸めてポーンと入れるようなイメージをします。

抱えたくない感情の中には、そのまま忘れてしまうものもあれば、いつまでも消えないものもあるでしょう。物が捨てられない人が、片付かない物を箱にまとめて部屋の隅にしばらく放置しておくと、物への執着が薄れて捨てやすくなるような感じです。それでサッパリして、自分の人生を幸せに生きることです。

遺産相続の件に関しては、親が元気なうちに決めてもらいましょう。
ここで公平に相続できるようにするのが、親ができる親子呪縛浄化だと思います。家族から離れて、自力で大成功して、遺産なんかいらない、と言えるくらい成功する人もいます。

本当はとても弱い姉と、どうやって姉妹として接していくか。自分のほうが姉より色々我慢してきていると言いたいかもしれません。でも、そういう話を冷静にできる仲ではないから、距離ができてしまうのです。

姉に近寄ると喧嘩になってしまうだけなら、できるだけそっとしておいて、幸せを祈ってあげることくらいしかできない場合もあります。せっかくの姉妹なのに、仲良くできなくて切ないと感じるかもしれませんが、これは**自分が作った摩擦ではなくて、親との距離でできた摩擦です。**

こういう姉妹を仲良くさせるのも、親の役目だと思います。親が、「私が生きてるうちは、仲良くしなさい」「私が死んだら助け合いなさい」と子に言い渡しておくと、それが子の魂に根付いて、いつか開花するかもしれません。

親が姉妹の仲を取り持ってこなかったとしたら、親としてのチェックポイントが「抜けていた」のです。兄弟姉妹間で助け合うのを、親が義務的に強要しないといけない家族もいます。自分たちで考えて仲良くするだろう、と子どもたちに任せておいたら、仲が悪くなってしまって、途中から仲裁に入っても修復できなかった、みたいなこともあります。

親が誰かに優しすぎたとか、誰かに厳しすぎたとか、誰かの性格に問題があるのを、そのままにしておいたとか、日常茶飯事の喧嘩を放っておいたとか、どうしても出てくる子育てのムラが、そのまま兄弟姉妹の関係に影響することもあります。

親が兄弟姉妹間での競争やライバル意識を見過ごしてしまったり、兄弟姉妹間でコンプレックスになるほど競争させたりすると、後になって社会に出てからも、習慣的に競争モードになってしまうでしょう。

家族間でお互いに蹴落とし合って育ったせいで人間関係がうまくいかなくなる人もいます。家族が困ったとき助け合えるように子を育てるのが親の責任で、それができないと、親子呪縛が発生します。

これを浄化するために何ができるか。歪んでしまった兄弟姉妹と、魂的につながるために共有できる価値は何でしょうか。私は、兄弟姉妹間で「楽しい思い出」が共有できるのが、一番だと考えます。これを与えてあげられるのは親です。苦楽を共にした、懐かしい、ポジティブな思い出が、家族を団結させるのではないかと思います。

きょうだい間のもつれを修復するのは、親の役目です

兄弟姉妹は、同じ親から身体をもらっていて、その家系の性格や体質が、あらゆる組み合わせで現れます。それに合わせて様々な時代、場所から来た魂が宿っている。それが人の個性なんだと、私はイメージしています。

性格は、その家系のDNAがもたらすすべての特徴を、みんなが均等に受け継いでいるわけではなく、それぞれが気の強いところ、気の弱いところ、頑固なところ、優柔不断なところ、キツイところ、優しいところ、などを様々な配分でもらっているので、兄弟姉妹間で性格の強弱などから、力関係ができてくるのではないかと、イメージしています。

そこで**いつも決まった誰か一人が我慢していると、親子と兄弟姉妹間の親子呪縛ができてしまいます。**これは親がその傾向を知って、バランスの良い兄弟姉妹間の力関係ができるようにしてあげなければいけないのですが、自然に出来上がった力関係の

ままに、「あの子は弱いから我慢する立場になっても仕方ない」「あの子は自己主張が強いから、いつも優位になる」といったことを放任してしまうと、これも親子呪縛となって、一生を通して悪影響を及ぼす原因になってしまいます。

兄弟姉妹の中で、親が特定の子を「ひいき」したり、性格の強い子、行動力のある子、コントロールしたがる子など、その性格によって力関係や優先順位が出てくるのを、うまく調整できないと、それが親子呪縛になるのです。

よくあるケースは長男、長女が甘やかされすぎたり、優先されすぎたり、そのまた逆で我慢させられたり、責任を持たされすぎたりする。誰が一番家族に貢献したかに関係なく、誰が先に生まれたかで、優先順位や責任が決まってくる。これによってネガティブな感情も生まれてきます。

家族は社会の縮図ですから、社会に出て色んな人と接していくために、学ばされているとも言えるでしょう。でもここに基盤として、不変の愛があって、それが家族全員に伝わっていないといけないと思います。

家族の中でいつも損な立場に立たされる人、いつも誰かの言いなりになっている人、いつも我慢させられている人、そういう役目のようなものができてしまって、それが自分なのだ、と当たり前だと思って過ごしてしまう。結婚してからもそれをそのまま守り続けてしまう人もいます。自立してから、自分のせいで損をしたり、嫌な思いをさせられたりして初めて、何か間違っているのではないかと気がつく人も多いです。結婚してからも我慢ばかり、でもそれは自分が我慢するから悪いのだと気づくのに、とても時間がかかる人がいます。

「私はいつも家族の犠牲になってきた」そういう思いは、自分が本来望む生き方をしなければ浄化できません。

一生家族を恨むことになるのは不幸です。

でもこれは自分が変わることによって変えられるのです。日本には長男がその家の責任を担うという考えがありますが、適性や能力に関係なく責任者になる、というのは事実上、不都合なこともあります。

家族間の魂レベルでのつながりは、まずは親が教えていくものだと思います。それが欠けている場合、子がそれに気づけるといいのですが、兄弟姉妹の中には魂的なコンセプトがわからない人もいるかもしれません。その場合は、一生をかけて魂のつながりを育んでいく課題をもらったと考えてください。

ご縁あって今回の人生を共にする仲になったのです。「それぞれの人生を完成させていく苦楽を応援しあえる仲」になるか、「生き延びるためにお互いを犠牲にする仲」になるか。本来は親が子に、支え合えるように教えないといけないのですが、それができなかったとき、どちらを選ぶかは子の選択になります。

親のお葬式の場で家族が喧嘩するのは、親が置いていった課題です。でも「自分たちで学びなさい」では手遅れになってしまうことも多く、絶縁してしまうことになる場合もあります。

仲良くできるのが一番理想的ですが、そうでない場合は、傷つけられないように、距離を置いてあげるくらいしかできないのです。それも親子呪縛浄化だと言えるでしょう。

親の介護は、決して親のためではありません

親が困ったときに、子供がすっ飛んできて助けてくれるような親子になる。これも毎日の愛情と思いやりのやりとりの積み重ねの結果だと思います。

子はやがて、親の保護者としての役割を果たすときが来ます。

親に介護が必要なのはわかっていても、どうしても親と一緒にいるのが嫌だと思ってしまう、という相談をよく受けるのですが、そういう人は親にずっとふりまわされてきて、自分の人生を生きる間もなく、また親のために時間も労力も使っているうちに自分の人生が終わっていくような気がするそうです。親にずっと苦労してきたので、またかと思うと、悔しくてたまらない……そんなふうに焦る人は少なくありません。

親の介護をするのは、自分のためでもあります。最終目的は親が他界したときに、自分が後悔しないためです。自分勝手な目的なようですが、親が入院したり、介護施

設にお世話になったりすると、子が実際にできることは、あまりありません。自分だって老いたら要介護になるかもしれない。もしそうなったら、どう接してもらいたいか、そう考えて親にできることをしてあげる。自分が納得する介護をしてあげて、**やれることはすべてやったと思えることが、親子呪縛浄化になる**と思います。

お子さんのいる人は、自分が親を介護する姿を見た子が、親の介護に対する覚悟や責任感を感じてくれると、それも親子呪縛浄化になると思います。

親から強いられた苦労は、子の将来に役立てることができる苦労です。だからといって、親が子に苦労をさせることが正しいとは言いませんが、苦労して学んだことは、その人の人生を強く豊かにしてくれるものです。

あれだけ苦労させられた親を、最後まできっちり面倒を見させてもらったと思えたら、親に対する後悔は残らないでしょう。

私も一年間、アメリカにすべて置き去りにして日本に帰って、母の闘病のお世話をしました。

最期までわがまま放題、毒舌衰えることない、豪快な母でしたが、治療に立ち向かう勇気や、人としての人生の幕を閉じる覚悟などを見せつけてくれました。そんな母の姿は立派でした。

　親の介護をしたくても、誰もができるという訳ではありませんし、面倒を見てあげたくても、全く言うことを聞かない親もいます。自分の生活も仕事も捨てて、親の面倒を見るために故郷に帰ることができない人もいるでしょう。

　自分のことをさんざん傷つけて、それを悪いと思わない親の介護はできないと思うのであれば、それはそれで正解なのです。そういうときに、自分と親の距離がハッキリすると思います。

　とにかく親に対する無念さが残らないようにすることが大切だと思います。

ワガママな親と上手に付き合う、ちょっとした工夫

親のワガママは、その存在を確認するための自己顕示欲の表れで、親として敬意を要求しているということなのでしょう。それに振り回されない方法を、工夫しながら面倒を見てあげることは、最高の親子呪縛浄化だと思います。

「言うことを聞かない人である」という前提で親に接すると、自分だって無理なことは断るしかなくなってきます。親子の間で、「もう！　ワガママなんだから！」と言える距離にいられるでしょうか。自分が壊れてしまうほど、ワガママに振り回されない距離感をマスターすると、親以外の人との関係にも通用します。

ずっと一緒にいると、振り回されっぱなし。そんな場合は、ある一定時間だけ接するとか、適当に聞き流すとか、ポジティブな手抜きをする工夫も必要でしょう。親の言うことに従順すぎて、ついやりすぎてしまいがち、望まれるとつい断れない、というのも親子呪縛ですから、浄化しましょう。

ワガママな人に接するときは、「できること」と「できないこと」をハッキリ分け、「そんなワガママには対応できません」とキッパリ断ってスッキリすることも覚えてください。ワガママなことばかり言うのを、いちいち指摘したり、それに悩まされたりしてしまっては身が持ちませんから、さらっと聞き流すのも一案です。

ワガママな人は、自分のワガママがどこまで通るか、試しているようなところがあると思います。ラッキーにもそのワガママに付き合ってくれる人に出会えば、自分の好き勝手が通用するスリルがあるのでしょう。

親しい仲にも礼儀ありで、ワガママな親の言動を冗談交じりに指摘してみたりして、直撃を受けないようにしてください。時にはヘルパーさんなどに手伝ってもらって、息抜きができるといいでしょう。行動が突発的、言動が定まらないなどといったワガママは、人格障害や老化の症状かもしれませんので、感情的にならないようにするのが、勝負どころかと思います。

親のワガママに根気よく対応することで、魂的に磨かれることは、たくさんあるでしょう。「あのワガママな親の面倒を見てあげた」という達成感は、自信にもつながるはずです。

親と似た人に苦手意識をもってしまうときに有効な、「反応しない」練習

親に経験させられた苦痛は、大人になってからPTSD（心的外傷後ストレス障害）になって、子を苦しめることがあります。

見た目が親に似ている人に苦手意識を感じてしまったり、親が背が高いというだけで、背が高い人に威圧感を覚えてしまう人もいます。

父親に虐待されて、社会に出てから父親と似たような人が上司になったときに、ちょっとしたことを注意されただけでも、怒鳴られているほどの怖さを感じてしまう。ミスしてはいけないと思うほどに、慌ててしまってさらなるミスをしたり、時には

頭が真っ白になってしまったり。体がかたまってしまったり…。

これは父親から受けた苦痛がトラウマになって発症しています。

「こういう人は怖い」という気持ちが刷り込まれてしまった呪縛は、なかなか取れず、それが親子呪縛の怖いところなのですが、発想を変えて、**このトラウマに挑戦をする人生を選んだのだ、と考えてください**。とても難しいことではありますが、親の圧力に苦しめられた後遺症とは一生付き合っていかなければいけないので、それを自覚していることが大切だと思うのです。

自分を苦しめた親と似たような人に屈しない。一生避ける。避けられない場合も、「あ〜、親と同じタイプの人だ!」と認識して、反応しないくらいになれたら上出来としましょう。

親への苦手意識を克服しようとして、そういう人を受け入れようとしたり、わざわざ親と似たところのある人と結婚したりする人もいるのですが、基本的にはうまくいきませんので、やめておいたほうが無難です。これは自虐行為ですが、本能的な親への愛情がそうさせてしまうのではないかとも思います。

私自身も、自分の母の苦手なところを思わせるような人に対して、「ああ、こういう人、私よくわかってるから大丈夫」と、懐かしい感じがするようになりました。

これは親子呪縛の浄化ができたからでしょう。

親の思考回路とその背景を理解できるようになると、親と自分が葛藤するのは、そこに何か修正されるべきカルマがあるからだと気付かされます。

肉親ではあるけれど、この世に生まれた生命として、人は独りで生まれ、この世を去るときも独りだということを考えると、今世でご縁をもらった仲なので、できるだけ綺麗にしておきたい。それが最悪の場合は、「縁を切る」といった形になることもあります。自分の親が一番苦手だという試練は、逆にそれ以外の人とは楽に付き合えるという利点になるでしょう。

「うちの親に比べたら、全然平気だから」と笑って言えるようになると、親子呪縛が浄化されているということだと思います。

他人との距離感がうまくとれないなら、魂の人間関係を意識してください

「なぜか、友達になった人と長く付き合えない」「友達の言葉にすぐに傷ついたり、カッとなってしまう」「信頼できる友人ができない」……人間関係のトラブルは、プライベートでも仕事でも生きづらさを助長します。

完璧主義すぎて、人間関係に融通がきかない。親に恋愛は不要なものだと教えられて、交際ができない。お友達と切磋琢磨していると思ったら、実は嫉妬の対象になっていた。正直すぎて、人を傷つけてしまうことがある。そんなふうに悩む人は、几帳面すぎたり、白黒はっきりと答えを出さないと納得できなかったり、物事が順番よく進まないと混乱したりします。曖昧さを受け入れられずに苦しんでしまう真面目な人が多い印象があります。

損得で選んだ友人関係は長続きしないものです。

人生で大切にすべきなのは、サバイバル的な関係ではなく、魂的につながっている

人間関係です。

勝ち組でいたくて順風満帆な人とばかりつきあっていても、人生に不都合はつきものですから、突然状況が変わることがあります。

親身になって相談にのってあげていたのに「そんなの無理。相談したのに無駄だった」と離れていく人もいるでしょう。そういう人を魂の友達と呼べるかというと、違うと思います。単にサバイバルの仲間だったかもしれません。

正直で誠実な人ほど、人の言葉にまともに影響されますから、傷つきやすくなります。真っ直ぐに生きるとは、そういうことです。だから魂の浄化をして、自分を信じて、自分を傷つける言葉は信じないようにしないといけないのです。

信頼できると思っていた人に裏切られるときは、最初から何かズレがあるような気がするものだと思います。**本当に信頼できる人は、嘘をついたら気持ち悪くて生きていけなくなるような人です。**本当に誠実な人に接すると、魂が浄化されるような気持ちになるので、わかると思います。

距離を置いてもつながっていられるのが、本当の友情です。その根底には、「こういう姿勢で生きていきたい」と感じる、魂の透明度が近い感じがあるはずです。価値観や志が同じだと、妬むとか、そういう感情はなくなります。

お互いの未来や目標のために、相手の努力を見て自分も頑張ろうと思うか、自分はそこまでできないけどやる気をもらえるとか、ポジティブな気持ちになれる……そういう関係は魂的な関係といえると思います。

どうしても嫉妬しか湧かない相手は、自分がお手本にするべき対象ではありません。目標も志も全く違うのでしょう。同じ世界にいても、何を目指すかは、人それぞれですから。

子育て中は、つい誰かと比較してうらやましく思うこともあるでしょう。同じ世界にいても何を目指すかは人それぞれです。それを子どもに教えてあげるのも、親の役目です。

嫉妬はポジティブなエネルギーを遮断します。誰かれかまわず比較して嫉妬の対象にするのはやめましょう。他の人の成果を讃えて喜んであげられると、それを前向きに吸収して、希望が湧いて、グーンと伸びることができる、そんな感じがします。

親の生い立ちをたどってみましょう。意外な背景があるかもしれません

親に絶対服従で育ったせいで、大人になってから交渉ごとが苦手になってしまう人がいます。親に頭ごなしに反対されることに慣れてしまって、交渉する前から、「どうせダメと言われるだろう」と思ってしまう。それで誰にも相談しないで決断したり、同意できないことには、適当な返事をして意見を合わせるフリをしたりするけれど、実際には対応しないなど、コミュニケーションに障害が出てしまいます。

親子呪縛にまつわる悩みで、親の言う通りにしないと喧嘩になる、と悩んでいる人は多いです。特に母親との関係で、「実家を訪ねるとき、お母さんのルールを厳守しないとキレられてしまう。実家に里帰りすると、それに疲れてしまうので、実家には泊まらず最寄りのホテルに泊まることにする」なんて話はよくあります。夫が義母の言いなりで、義母の前ではなんでもイエスと言ってしまう。家族にとって都合の悪い

ことでも断れない。適当に話を合わせておいて、親がいないところでは真逆のことを言う。親にはいい返事をしておきながら、そのまま放ったらかしにして忘れたことにするなど、いろんな方法で親のコントロールを回避する人がいます。子どもの頃から日々の生活の中で体得した究極の接し方なのでしょうが、それでは親子呪縛は浄化されず、一生残ってしまいます。

大人になった子に対しても、親の言う通りにすることが親孝行だと思う親もいるでしょう。財産分与など経済的なつながりが気になって、親に逆らえない人もいます。言う通りにしてもらえないと怒り出す親は、老化もあって状況の変化に対応できなくなっているのかもしれません。肉体的な病気や精神面の衰えなどで、融通が利かなくなることもあります。

親にコントロールされすぎるとそれが、恋愛や結婚にも影響してきます。

この親子呪縛を浄化するうえで、やはり言いなりにならないこと。面倒くさくてもハイハイと合わせるふりをしながら逃げたりしないで、親と健全な距離を取りながら、双方が納得できる方法を考えてください。

そして自分に子ができたら、子の気持ちも尊重してあげてください。親子呪縛の浄化は、親の犠牲にならないように工夫してあげることです。

子に絶対服従を強要する親の生い立ちをたどって、何が原因になっているのかを知るのもいいでしょう。親が厳しかったのか、それとも甘やかされすぎて、まわりの人が何でも言うことを聞いてくれたのか。原因が見えると、冷静に対応しやすくなるのではないかと思います。

3章

子育てするときに気を付けたい親子呪縛

～そして、自分が親になったら、どうしますか？～

魂的観点からすると、子という存在によって親にならせてもらうのだと考えるようになります。色々失敗があっても、ちゃんと育ってくれた子に感謝できるようになるのが、親にとって最高の幸せだと思います。

家庭は魂を満たし合う場であるべきです

家庭は本来、「理想の人間関係を実践する場」であるべきだと思うのです。

家族の営みの中で、どうやって社会で人と接していくか、社会で自分に何ができるかなどを学んでいけるべきです。

そして家庭の外の世界がどんなに荒れ狂っていても、親子にとって家庭内は安全な場所でなければいけない。家族が直面する現実が、たとえ理想とかけ離れていたとしても、そんな中でお互いを思いやり、支え合って、お金がなくても、病気をしても、何でも家族の愛情で、一緒に乗り越えていけることを実感できる環境が「家庭」であるべきです。**親が子に与えてあげるべきものは、「楽しい思い出」そして、「つらいときに戻れる心の居場所」です。**それが子の底力になって、人生を生き抜く上での、支えになっていくのです。

家族の営みの中で、魂的に満たし合うことを優先できている家族が、どれくらいいるでしょう。

サバイバルのための価値観が優先して、お金のことばかり心配して、生活していくことに振り回されてしまう家族。兄弟姉妹で競い、戦い、敵になってしまう家族。一生お金のことで迷惑をかけ合ってしまう家族。

「お前らを食べさせてやっているんだ」と家族に圧力をかける親もいます。

親と子、家族のメンバー同士の距離感は、まずは親のあり方によって決まってきます。

親から離れない子が良くて、離れていく子が悪い、というのではありません。どんな子が生まれてくるか、親にはわからないですし、どうやって育ててあげるのが一番いいかについても、生まれてから、その子に合わせて試行錯誤を重ねるものです。

その子の将来性も、育ててみないとわからない。赤ちゃんから子どもに、子どもから大人になっていく過程で起こることのすべてが、その人を創っていきます。親も子も毎日自分たちについて学んで、親子間のやりとりの毎日の積み重ねが、子の人格を創っていきます。子育てすることで、人に対する理解が深まることもあるでしょう。

家族には苦手な性格の人もいて、それでも逃げるわけにはいかず、根気よく付き合っていかなければいけない。でも、そうすることで社会に出てからの、人に対する忍耐力や、理解力を身につけることができるのです。

そしてひたすら愛してくれる、何をするにも応援してくれる。何かあっても許してくれる……これも家族ならではの大切な役目です。

家族は自分がこの世に存在する理由や意味を証明してくれます。自分が誰で、何者なのかという魂のアイデンティティーも基盤も家族によって与えられるものです。

家庭という中で、親子呪縛を発生させずに、どう子どもを育てるか。自分が子どもの頃に植え付けられてしまったネガティブな影響を乗り越えて、どんな子育てをするか。親子で魂を磨き合えるような、魂を満たし合えるような理想的な家庭にするために何ができるのか。

この章では、子育てをする立場から見る親子呪縛を考えてみたいと思います。

「叱る」ことの裏にある、親自身の不安に目を向けてみる

子どもが生まれると、あらゆる親子間のやりとりから、親子呪縛が発生します。その中でも、特に子育ての日常茶飯事である「叱る」ことは、親子呪縛の柱となっているように思います。

子を叱る理由にも色々あります。しつけのために叱る、身を守るために叱る。そこには親子間の感情のやりとりがあり、親子の力関係もできてきます。子育てで叱ることは必要ですが、それで子を壊してはいけません。

まず、赤ちゃんを叱る必要はありません。叱る理由は赤ちゃんではなく親にあると思います。赤ちゃんを叱る理由なんか絶対にないのです。これは断言します。

赤ちゃんを叱ったり叩いたりする人は、自分の中にある不安や怒りを赤ちゃんにぶつけているのです。赤ちゃんをあやしたり、泣き止ませたりする際に、親の親子呪縛の実態が露わになると思います。赤ちゃんに対して怒りやフラストレーションを感じ

るなら、自分の中に浄化できていない問題があるのでしょう。

私が子どもの頃、「鉄と赤子は赤いうちに叩く」「赤ちゃんや子どもは叩いてしつけるのが当然」と大人たちが言うのを聞いて、とんでもないと思ったものです。昔はそう信じられていたのです。これは日本だけではありません。でもこれは平等な人権というコンセプトが確立されていなかった時代を引きずっていると思います。

人間を暴力で制することは人権を害することで、これは親子呪縛の中でも、まず最初に浄化されるべきことです。確かに、怖い思いをして肝に刻み込まれる、そんな思いをしてやっと覚えることができる、みたいなことはあります。

しかし子を恐怖に陥れて、親がしつけとして体罰を与えるのは、絶対に間違っていると思います。子どもを暴力で制することは、間違っています。人を暴力で制することは間違っています。子に対する暴力的な言動はすべて虐待だと思います。

子に暴力を振るう人は、自分もそうされてきたのではないでしょうか。自分自身や自分の親に対する怒りの念があって、それを子にぶつけていないでしょうか。もともと攻撃的な性格の子もいて、親にもキレて暴力を振るってしまう。そんな子が大人になって、自分の家族に暴力を振るうようになることもあります。

子どもは自分の意思で動けるようになってくると、独自の自由な発想で世界を広げようとします。幼い頃は善悪の判断がつかなくて、知らずにやったことが悪い結果になって叱られる、ということを繰り返して成長します。

叱られることで自分の間違いに気づかされ、学んでいくのですが、子にしたら、親が喜んでくれると思ったことや、楽しくて騒いでいたところを、思いっ切り叱られるような場面もあります。

そんなとき、子は盛り上がったハッピーな気分から、いきなり恐怖のどん底に突き落とされるような思いをするでしょう。必ず怒った理由を明らかにすることと、怒られて凹んだ気持ちを慰めることをセットにしてあげてください。

きちんと叱ることと、子どもを傷つけることは違います。子は正当な理由で叱られた場合は傷つきません。ちゃんとした理由で叱られたら納得しますが、不当な理由で叱られたり、原因に沿わない叱られ方をしたりすると、親に対して怒りを覚えます。

叱り方によっては、子どもを傷つけるだけのこともあります。傷つけられたことだけが思い出になると、親を怖がることだけを覚えて、親に無抵抗になったり、親に反抗するばかりになったり、親から逃げていくようになったりするかもしれません。

親との関係は、その子と社会との関係に発展していきます。子に対して感情的に怒ってしまったり、叱るというよりはキレてコントロールが効かなくなったりするようなら、自分自身の親との関係に問題がないか、もしくは同じような経験がなかったか、振り返ってみてください。

親自身が乗り越えられていない不安は、子を叱るときに危機感となって爆発しやすいものです。親が自分の不安やフラストレーションから感情的になって子どもを叱ってしまうことは多いと思います。

私自身は子どもが幼い頃、間違ったことをしたら、その場で注意しないと効果がないと思い、プレイデート中でも、他の子のおもちゃを横取りしたり、お友達を泣かせてしまったりしたときには、お子さんや親御さんの手前、しっかり叱らないといけないとプレッシャーを感じてきたのですが、今から思えば、叱りすぎてしまったかも？と思うこともあります。

子どもの性格は、必ず自分を含める先代から受け継いでいることを考えると、子の言動から自分の欠点を再確認させられたり、自分も同じように叱られたなぁ、なんて思ったりすることも出てきます。これも親子呪縛の浄化のプロセスだと思います。

「しつけ」という名で傷つけられた子の末路

親子呪縛の根源を浄化するには、親は「子を傷つけない」ことを誓わなければいけません。「叱る、しつけをする」ことと、「傷つける」ことは別なので、そのラインを超えないように気をつけるのが、親にとって大切なことだと思います。

とはいえこれは、健全に「叱る」「しつける」という範囲内のことで、子を意図的に傷つける虐待の場合は、専門家に助けを求める必要があるでしょう。

親子間に限らず、人を傷つけるようなことが言える人は、多かれ少なかれ自分も散々傷つけられてきているのではないかと思われます。

暴虐的な言動をまともに受けて、攻撃される自分が本当に悪いのではないかと思ってしまう人も多いです。

こういった関係は、一般社会でも起こります。「人を傷つけないように配慮する」

のは、健全な人間関係のための基本ですが、そんな基本的なことすら意外とできない人がいます。

私が学生の頃、アルバイト先にいつも怒鳴《どな》り散らしている上司がいて、私は出勤するのが嫌になるほど憂うつな気持ちになったのですが、ある日その人が、「俺なんか毎日親にぶん殴られて、怒鳴り散らされて育ったんだ」と言ったのを聞いて、この人は習慣的に怒鳴り散らしているんだとわかったら、その人が怒鳴っていても、私とは関係ないと思えるようになって、気が楽になりました。

よく観察すると、誰か特定の人に向かって怒鳴るのではなくて、たまたまそこにいた人に怒鳴っていることが多かったです。これはこの上司が焦っているときや、自分の仕事のペースに危機感を抱いているときに、「何とかしろ!」と怒鳴っている感じで、ストレスで怒鳴り口調になるようでした。

感情的に叱りすぎてしまったり、言い方が悪かったりして、子を傷つけてしまったときは、「傷つけるつもりじゃなかった。ゴメンなさい」と、誤って傷つけてしまったことを認めて謝ってください。そうすると子も、ちゃんと謝れるようになると思うのです。親が謝れないと、子どもも謝れる子にならないでしょう。

子どもに攻撃的な親、子どもを虐待する親は、何か正当な理由があって叱るのではなく、叱るきっかけが、攻撃するチャンスとなっていることも多いでしょう。

親自身も虐待されて育ち、体罰や言葉の暴力などの方法でしか自分の子を導けないことが、悪いことだと気づいていない場合もあります。**子どもが親から離れてしまう結果になると、この魂的な溝を埋めることは難しい**のです。

自業自得と表現すると冷酷な感じがするかもしれませんが、親が作ってしまった溝をどうするか、**それを決める権利や自由は子にある**と思うのです。

長年かけて親が破壊した子どもとの絆を修復することはできません。家族につらくあたっているという自覚がある人は、いつか家族が離れていくことを覚悟するべきでしょう。たとえ今は経済的な理由で一緒に暮らし続けざるを得なくて、肉体的には同じ空間を共有していても、魂的には離れてしまっている状態に、すでになっているかもしれません。

子どもについ「ダメ」と言っていませんか？

親の過剰なダメ出しは、親子呪縛を生みます。

自分もしょっちゅうダメと言われて育ったから、ついダメ出ししてしまうという人もいるでしょう。自分自身が経験した失敗や過ちを、我が子が繰り返すのではないかと心配してのことかもしれません。


私も子どもに対して、忙しいときや面倒くさいことに「ダメ」と言いがちです。その影響で息子たちが、「ママ、聞きたいことがあるんだけど、どうせダメって言うと思う」と切り出すようになったのです。これは重症です。私の心ないダメ出しの悪影響が、子どもの心と思考と言動に根付いてしまっています。

自分でダメと言っておきながら焦って、「ダメって言われそうなことも、まずは聞いてみようって思わなきゃダメよ」などと言いつくろう。これは二重ダメ出し。もう自業自得。後からダメ出し泥沼を浄化しまくる私。

自分でダメ出ししたことも忘れて、たとえばチョット危なそうなものや、片付けるのが面倒くさそうな科学の実験など、「なんでこういうのにチャレンジしないの？」と聞いたら、「だって前にやりたいって言ったら、ママがダメって言ったじゃん。もう興味ないよ」と言われて、子どもの可能性の芽を摘み取ってしまった自分の罪に気がつくのです。

そんなふうに、二度と生えてこない可能性の芽がどれだけあることでしょう。危険そうなことは一切しない息子たち、私が怖がらせすぎたかもしれないと反省しますが、成長するにつれて、もっと冒険しなさいと励ますしかないのでしょう。

親子呪縛の根源にある、「浄化されないままの親の不安」。この不安の根っこは、親のそのまた親から受け継いだものであることも多く、理由のはっきりしない漠然とした脅迫観念で、負の連鎖を繰り返してしまうのは避けたいですね。

受験やお稽古ごとから生まれる親子呪縛

子どもが生まれた瞬間から、親は子の将来に期待と心配をするものです。幸せになってくれるだろうか、ちゃんと社会に出られるだろうか、自分で稼いで生きていけるだろうか、自立できなかったらどうしよう……という恐れや不安もあわせて持つようになるものです。

わかりやすいのが塾や習い事など教育との関わり方です。

親は「子どものためになるから」と、よかれと思って無理やりやらせたり、熱心になりがちです。子の才能を伸ばすのは親次第なところがあるのは確かです。そのために親が無理やり勉強や習い事を強いることもあるでしょう。

親が無理やりやらせてきたことがプラスに働いて、感謝してもらえるようになるか。それとも、それが親子呪縛になって一生恨まれるか。そういうことを考えて、親は自分の役目を判断しないといけなくなります。

たとえば、受験勉強で無理をさせて、受験が終わった途端に家庭内親子絶縁状態、子は口もきいてくれなくなったりとか、スポーツ、ピアノ、バイオリン、バレエなど、お稽古の練習で無理をさせて、結局はやめてしまう結果になってしまったなど。親は子が良い結果を出せるように、頑張らせようと必死になるのですが、度が過ぎて感情的になって、半ば脅迫じみたバトルに発展、お互いにフラストレーションで潰されてしまうなんてことは避けたいです。

親が必死になるほど、子にはそれが苦痛になって、可能性の扉が開くどころか、親から自分を守るために、扉を閉めてしまうことになったら大変です。

そうやって一旦閉まった扉は、親の力ではこじ開けられません。子どもが自ら扉を開けてくれるまで、待つしかなくなってしまいます。そうやって子が回復するのを待ってる間に生まれる、親子の信頼関係もありますので、最終的にはプラスになる可能性もありますが、親は遠回りした気がするかもしれません。

私自身もステージママとして、子どもたちが2歳の頃から演技、歌、踊り、ピアノ、ドラム、ギター、バイオリンなど、トレーニングを積ませて、オーディションに走り回ってきました。その結果、次男は9歳でブロードウェイ・デビューし、長男も10歳でプロの子役を輩出することで有名なニューヨークの演劇学校の公演に出演したり、ある有名なブロードウェイ・プロダクションのコンテストで受賞することができました。そのための訓練は、親の私がさせたわけで、幼児の彼らが自ら練習したいと言ったのではありません。

私は幼少の頃だからこそ可能なチャンスにかけて練習をさせて、彼らは親の言う通りに、お稽古を重ねたのです。その際に親に無理やり練習させられて不幸だったと思われないように、それが親子呪縛にならないように、とても気をつけてきました。勉強にしても、稽古にしても、できて嬉しかったとか、楽しかったと思えることが大切だと思います。親が子に与えてあげられる最高の財産は、楽しい思い出だからです。

子どもの才能が伸びそうなところを見つけて、タイミングよく手を差し伸べてあげることができたら、親子で達成感を共有できるでしょう。

すべては子を伸ばすためであって、潰すためではない。これがわかっていても、うっかり自尊心を潰してしまうことがありえますから、くれぐれも気をつけましょう。頑張らせたことが親子呪縛になってしまうと、敗北感や喪失感が残ってしまいます。

親と違う生き方を選ぶために、親の期待と違う道を選ぶ人もいます

親は子を育てながら、いろんな失敗を重ねるものです。すべてが正しい子育てなんてありえませんし、親が正しいと思ってやったことが、実は間違っていると気づく頃には、すでに子が犠牲になっていることが多いのです。親の言動や判断が正しかったか、間違っていたかの結果は、後になって子どもに現れてくるでしょう。

親と違う生き方を選ぶために、あらゆる面で親の期待と違う道を選ぶ子もいます。それで子自身が幸せならば、親はある意味、正しく役目を果たせたということです。**子が選んだ道が、親の想像や理解をはるかに超えるものなら、子は完全に独自の道を選んだということで、そこからの進展を見守るのが、親の役目になります。**

親が自分の憧れや理想を、子に押し付けてしまうことがあるのは、それが子育てのガイドラインになるからです。自分が子どもの頃にやってもらいたかったことを、自

分の子にやってあげると、それで癒されたり、満たされたりするのです。

憧れや理想は、人の人生を豊かにするためのガイドラインになります。子育てをする上でも、親は自分の夢や理想をガイドラインにするわけですが、それが通用するのは、子が独自の夢や理想を持つようになる時点までです。

親が自分の夢や理想を達成できなかった「闇」を抱えていると、「夢・理想」が「非現実的な過剰な期待」になって、親子呪縛になってしまう。これを避けるためには、**親も一生涯、自分の理想や夢に取り組むべきです。**

どんな道も極めるには困難がつきものです。子が親の夢や理想を叶えられないのは「親不孝」ではありません。子が夢や理想を持てるようにしてあげるのが、親の役目です。それに向かって、毎日コツコツと丁寧に取り組む生き方をすることが、「親孝行」なのだと思います。

親の憧れや理想を子が実現してあげられるのは、最高の親孝行かもしれませんが、基本的に親は子が幸せになってくれるのが一番。それが親の憧れや理想とかけ離れたライフスタイルでも、感謝するべきだと思います。

「自分が勧めた道に進んでたら、将来を心配しなくてもよかったのに」と親が言うことがあるかもしれません。でも親がいなくなってから、子が選んだ道で納得して生きてくれるほうが、魂的にもいいでしょう。

子に劣等感を抱かせるのは、親子呪縛を仕掛けることになります。それに親の期待に添えないのを「ダメ」だというのは、適切な目標を見極められない親が、子に責任転嫁しているようなものです。

子を特定の職業に就かせようとするのは、親も同じように、プレッシャーをかけられて育ったからかもしれません。子の能力は親から遺伝的にもらった基盤あってのことです。劣っていると思われることでさえ、親からもらったものですから、親は子を一方的に責めるわけにはいきませんね。

たとえば医者にならなければ認めないという背景に、他の職業に対する偏見や差別意識があるのであれば、それが浄化されるべきです。「この認める」「認めない」という評価の仕方をするのは、その評価する親本人が自分の努力を認めてもらいたい、尊敬してもらいたいという、自己顕示欲があるからなのか、それともある特定の社会の中で認めてもらえないと生きていけないという、不安があるからなのでしょうか。

将来のために頑張らせたい、将来を思うと、叱咤激励するしかない。無理にでも頑張らせるしかない。結果を出させるために、狂気の沙汰になっても仕方ない。親がそこまで自分を追い詰めてしまうとき、親子呪縛が発生しますが、実際、それくらい努力しないと目標達成できない、厳しい現実もあります。

子どもを潰さないように、上手く先導してあげるためのやりとりを、毎日の生活の中でお互いに工夫しながら育んでください。そうやって親子で頑張ることで、子が自分で納得できる道を選べるように。親子間で納得できれば、自分たちが夢見た結果と違っていてもいいのです。それに劣等感を抱かなくてもいいでしょう。そのプロセスの中で、親子呪縛が浄化されているか、それによって親子共に魂が磨かれていっているか、それが一番大事だと思います。

親が与えてしまうプラス面とマイナス面の影響

人のアドバイスは、たとえポジティブなものも、度が過ぎるとネガティブに働き、大きなお世話になることがありますし、ネガティブな批判をされても、それに反発して最終的にはポジティブな結果を出すきっかけにできることがあります。

それと同じように、**親がどんなに誠意と最善を尽くしても、その影響は必ずプラスとマイナスの両面に出てしまう**ので、気をつけないといけないと思います。

我が子を頑張らせすぎて、崖っぷちに追いやってしまう。守りすぎて可能性を潰してしまう。子が喜ぶものばかり食べさせていたら、偏食になってしまったり、しっかり遊ばせてばかりいたら、勉強が苦手になってしまったり、勉強ばかりさせていたら、だんだん無表情になって感情表現しなくなってしまったり。大らかに、のんびり育てていたら、焦ったり、急いだりできない子になってしまったり。細やかに世話をしてあげたら、自分で何もしない子になってしまったり。親がいいと思ってやることが、裏目に出ることがあります。

親は、自分が満足に子育てができなかったらどうしよう、親として十分責任を果たせなかったらどうしよう、という恐怖も持っています。我が子が「社会に適応できない」「世の中でやっていけない」「みんなについていけない」「落ちこぼれてしまう」「成功できない」、そうなったらどうしようと心配して、子どもを守りたいがために、成功させたいと願う。そのために子に無理強いをしてしまう。この度合いに差はあっても、どの親もやってしまいがちなことで、共通して抱える問題です。

「頑張ろうね」と子に無理をさせる。つい焦ってしまって、「なんで皆と同じようにできないの」と、他の子に追いつかせることに気を取られて、子ども個人のペースを守ってあげられない。こういったことも、親自身が自分の親子呪縛を浄化できていないからかもしれません。

子どもに愛を伝えることで、親自身も癒されていきます

親は、お金の心配があっても、将来に不安があっても、子どもには、「愛してるよ」「生まれてきてくれてありがとう」「一緒にいられて幸せだよ」と言うべきです。そう言い続けることで、親自身も癒されるのです。そう感じることができない、そんなふうに言えない人は、自分がどんな闇や問題を背負っているのか知ってください。

子は親に命と体をもらいますが、どんな性格を受け継ぐかは選ぶことができないのです。**子が受け継いだ本質を、どう活かせるか、導いてあげるのが親の役目です。**

私の母も、愛しているとなかなか言わない人でした。母の親も愛してるなんて言わない世代の人たちですから、そんなものだと考えていたのかもしれませんし、シングルマザーで子育てするのが大変で、それどころではなかったのかもしれません。

私は母に愛されていないのかと思っていたら、時折手紙で「愛娘へ」と書いてきた

り、他の人の前では娘の自慢ばかりしていたと知らされたりして、愛情深い情熱家なんだと確認したのです。

愛情表現ができないのは、母親自身の問題です。その母の生い立ちをさかのぼって、母の闇の原因を取り去ることなんて、少なくとも子の立場ではできません。

子に愛していると言えないのは、親自身が愛されていると感じられないからで、それは夫との関係だったり、兄弟姉妹との関係だったり、親との関係だったり、それらのすべてであったりするのです。

自分から誰かを愛することはできます。自分が誰かを愛そうとするときに、様々なブロックを感じたら、それらは親の仕掛けたブロックであることが多いでしょう。まずそれに気づいて、それを取り払っていく努力をしましょう。

子どもへの愛は毎日伝えること。愛が伝わらないと、子は離れていきます

育児本や子育てに関する本は、たくさんありますが、実際に自分に合った子育てを、子どもが生まれる前に教えてくれる人はいません。

生まれてからじゃないと、どんな子なのかもわからないですし、成長の過程でその子の個性が出てくるので、育てながらどうするか考えていくしかないのです。そこで他人から指摘しにくいのが、人が親の失敗を繰り返す可能性です。

人がどんな育てられ方をしたか、そのまた親はどうだったか。これが子育てに大きく影響します。

どんなに育児本を読んでも、結局は暗中模索になる自分流の子育てになってしまいます。子に「自分は親としてできる限りのことはやった。親子呪縛の浄化も努力した。できなかったこともいっぱいあったけど、これで精一杯です」と言える子育てをするしかない。親にこれで精一杯、と言われたら、子はそこから自分でやっていくしかな

いのです。

そこに愛情があるか。純粋に愛を伝えられるか。誠意を感じてもらえれば、子は敬愛してくれるでしょう。これが土台になって、子の人生に大きく影響すると思います。

子どもに愛情をあげられなかった親は、大きな借りができてしまいます。

子が親に愛してもらったと思えないとき、またはその愛が歪んでいたと感じるとき、自然に親から離れていきます。たとえ物理的に離れていなかったとしても、魂は離れていきます。

そうなると、その距離を縮めるのは難しくなります。**子どもが離れていくのにかかった時間は取り戻せません。子から愛情を返してもらえない関係は、親が作り上げてしまうものなのです。**

愛していたけれど、それを伝えきれなかった。毎日の生活の中で、繰り返し愛していると言ってあげられなかった……それで親子の距離ができてしまう場合もあります。嫌がられても「愛している」と実際に言葉と行動で伝えないと、その愛は確認してもらえないのです。

愛していたはずなのに、子どもと全く気が合わない。反発されたり、コンプレックスの塊になってしまった。子を自由にさせていたら、それが悪い習慣になってしまった、兄弟姉妹で競争させたら、切磋琢磨して成長するどころか、仲が悪くなってしまったなど、親が良いと思ったことが、マイナスに働いてしまうことがあるのも、子育ての複雑なところです。

知らないうちに、子につらく当たっていたかもしれないと思うことがあれば、それを癒すために、優しくしてあげてください。子につらく当たる原因を作っている闇が自分の中にあるはずです。これを浄化しましょう。

親はいつも「愛してる」って言ってくれてたな、そう思い出してもらえるようになりましょう。

コラム

私たちが生まれる意味とは？

もし自分が、今この瞬間に死ぬことになったら、「もう十分生きたから戻ってこなくてもいいや」と感じられるでしょうか。

私が6年前に乳がんと診断されたとき、「こんな終わり方なのか？」「こんなんじゃ死ねない！」そう感じましたし、そして絶対「戻ってきてやる！」と思いました。でもこれは自然なのではないかと思います。

たとえば、自殺した人たちの中に、生まれ変わることを考えた人はどれくらいいるのでしょう。自殺をした人の魂から、嫌だった自分の人生を自ら終わらせてやったという達成感を感じることもあります。死を選ぶに至ったことへの後悔の念がこもった魂もあれば、清々としているというか、生に全く執着のない魂を感じることもあるのです。「この人生を終わらせて、新しい人生を生きてやる」と決意した感じの魂もあれば、生まれ変わってくるかどうかなど深く考えないまま、今世の人生を終わらせることにばかりに執着してしまった感じの魂もあります。

自殺は、遺族を一生にわたって悲しませますから、決して肯定しているのではありません。

愛する誰かのために、何が何でも生きようと思えなくなった人の魂に、親子呪縛の影響があったのではないかと、とても気になります。

もしかしたら闘病の末に死を覚悟するとき、「次に生まれてくるときは、こんな人生にしたいな」そんな風に考える時間を持てる人は、いるかもしれません。

生まれ変わりという観点でいうと、前世からの可能性を、今世で花開かせようと戻ってきたかのような人もいらっしゃいます。なので、「もう一度生きたい」と感じれば、戻ってこられる、そんなものではないかとも感じます。少なくとも、そう仮定することで、人生観が変わってくることは確かだと思います。

この世に生まれて、死んだらそれで終わりと考えるのか、前世からの思いを持って生まれてきて、今世を思いっきり生きて、それを後世にも持っていけると考えられるかで、今世の生き方の選択肢が変わってくるでしょう。

今世をサバイバルすることだけを考えて、生きている間に、どれだけの物やお金を手に入れたか、そういう価値判断だけで人生を測るのは、「死んだら終わり」

と考えるからでしょう。前世、今世、後世を生き続けるのかもしれない。そんなふうに時間の枠を広げて、魂的な進化を遂げていく人生をイメージして、「自分は生きることを選んで、今世に戻ってきた」と考えると、まずは幸せに「生きる」ことそのものが大切である、そのために生まれてきた、という心の基盤ができないでしょうか。

どれだけ成功したかとか何を得たかではなく、魂的にどれだけ進化できたかで人生を測ると、直面している状況がどうであれ、肉体のコンディションがどうであれ、魂を健全に保ち魂的な幸せを軸に生きて、あれが手に入らないから、これを失ったから、これが苦しいから、なんてことには振り回されない気がしませんか。**「自分は魂的に満たされるために、親の肉体を借りて、この世に戻って来た」**そう考えるだけでも、この人生でどうやって魂を満たせるのかという発想につながっていきます。私はそういう人生のほうが、純度の高い幸せを確実に得られると思います。

4章

「自分を完成させる」という究極の幸せ

～親子呪縛が解けたとき、この人生の意味を知る～

親は子に、あらゆる制限を仕掛けてしまうものです。

まずは親が誰かという宿命。それだけでも親の思想や肉体、経済力などに影響された制限が出てきます。子がその制限を乗り越えて、誰になっていくのかは、子の意思次第です。そのために、新しい運を生み出すために行動をして、親子呪縛を浄化するべきです。

改善されないまま受け継がれ、繰り返される親子呪縛の悪影響の絶大さ、根の深さは、人が一生をかけても浄化しきれるものではないかもしれません。それでもその苦悩から少しでも解放されるために、思考の自由や柔軟さを持てば、それがすべてポジティブに作用して、前向きに生きられると思うのです。

親には感謝の気持ちしかない。そう思える人は、最高の人生に恵まれています

親に素直に感謝できる人、「この親のもとに生まれてこられて本当に良かった」そう思える人は、何がなくとも、最高の幸せに恵まれています。それだけで、人生の幸せの大半を満たしていると思っていいでしょう。

親が健全かどうかで、天国に生まれたか、地獄に生まれたかくらい、生きる環境が違ってきます。

世の中には、「子に愛情を注ぐのが親の幸せ」そう思える、健全な親ばかりではないのです。親に苦しめられ、「なぜ、この親のもとに生まれてきたのか」「自分の親が違ったら、もっと幸せだったかもしれない」と思う人もたくさんいます。

親子関係が自分を豊かにしている部分、または逆に破壊している部分、それを認識することは、**自分の人生を理想に近づけて完成させていくのに大切**なことです。

親には助けられているけれど、同時に苦しめられているという人、自分はハッピーに楽天的に生きたいけれど、親は何をするにも悲観的だという人。どんなに親から悪い影響を受けないように努力しても、性格や習慣など、親とは切っても切り離せない自分の本質に、親の悪い影響を見つけてショックを受けることもあるでしょう。

でもそれをマイナスに考えるのではなく、誰にでもあるマイナスの性質を、どうやってプラスに活かせるか考えましょう。

「この性格だから、こうなってもしょうがない」という答えにならないように。「こういう性格は、こうやって活かさないとね」と思えるようになると、自分が苦手なことに取り組むのが楽しくなる感じがします。

次に生まれ変わっても親子でいたい。そう思える親子関係になれるのが、最高なのだと思います。

親から与えられた試練は、他の何より自分を強くしてくれる

魂が健全な親は、子に自分より良い人生を望むものです。自分より成功してほしい、自分より幸せになってほしい。自分が得られなかったものを与えたい。

親が子を敵対視したり、ライバル視したりするのは、浄化しなければいけない闇を抱えているからです。子を苦しめる親は、自分の苦しみを子にぶつけているのです。

子どもが親の闇に向き合うとき、それは生きていく上での究極の課題になります。

相手が他人なら回避できることも、親となると逃げられない。しかし時には距離を置いて、客観的にお互いを捉えなければ、子が親の闇を、親と同じ視線で受け入れてしまうことになります。

自分の生きづらさや困難、自分の闇の原因は親であると思うなら、世の中にはその親と同じような人がたくさんいて、どこに行ってもそういう人にぶつかる可能性は

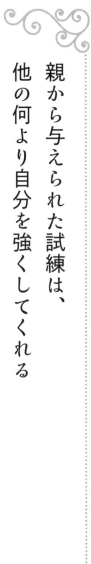

あって、そういう人たちに、自分はどうやって対応するのか学んでいるのだと考えましょう。

親からもらった試練は、他の何よりも自分を強くしてくれる。それを乗り越える正しい方法を身につけることができれば、怖いものなしになるでしょう。その試練を我慢するのではなく、正しい方法で浄化するのです。

攻撃的な親とぶつからないように、どうやって回避するか。ネガティブな親をどうやって前向きにさせるか。自分のことを認めない親は、何が理由でそうなのか。自分の親と同じくらい難しい人に向き合うとき、「こういう人と接するの、けっこう得意かも」と思えたら、それは人生かけて獲得した人間力です。

親に苦労させられた人が、その犠牲になったままでいないで、それを親から与えられた課題として、同じような経験をしている人たちを救うために向き合えたら、それで得られる人間力は、人生の大きな財産になるでしょう。

いくつになっても親を責めてしまうことについて。親から離れてあげることも親孝行になる

親子呪縛で苦しんだ人の中には、一生にわたって親を責めて、親が亡くなった後も、やっぱり親を恨んでしまう人が少なくありません。

しかし、いくら親に傷つけられ、親のせいで不遇な人生を送ることになった、と思うことがあっても、いつまでもその被害者でいてはいけないのです。それを覆し浄化するのが、子に与えられた課題ですし、使命を見つけるための、貴重なきっかけなのです。親を責めたところで、それは自分の幸せにつながりません。

「反面教師」という言葉がありますが、親の過ちの正反対の側に、自分の生きるべき道があると思っていいでしょう。親に反発する力は、正しい理由で反発して、正しく行動すれば、それだけで一生を切り開いていけるくらいのパワーに転換できます。それが癒しと浄化のプロセスになっていくのです。人生や世の中のあり方を改善するた

めに闘うことは、人の生き甲斐や使命になっていきます。

親に愛情をもらえなかったと思う人は、親から自立して、それまで溜め込んだ怒りの毒を吐き出し、傷ついた心を癒し、健全で前向きな愛情ある人生を、自分のために確立してください。自分につらくあたった親からも、もらったものはたくさんあるはずです。命、身体、教育、忍耐力、正義感、判断力、間違ったものに反発する勇気、そして**「親から離れてもいい」という特権**です。

「育ててやったのに」「学校も出してやったのに」と言われて申し訳ない気持ちになる人も多いのですが、子を育てることは親自身が選んだことです。

「親から離れることも親孝行」なのです。

私はよく、**「親から距離を置いて、悪い影響を受けないように逃げてあげるのも親孝行のひとつですよ」と言うのですが、本当にそれくらいしか、親子の仲を改善する方法がないこともある**のです。親と一緒に暮らしていなければ、その悪影響は最小限で済むものなので、離れて暮らすことで親子呪縛を浄化できる人もいるでしょう。

たとえば、自分のことしか考えない、自分勝手な親に当たってしまった場合。

親が好き勝手して家族に迷惑をかけるケースといえば、浪費、ギャンブル、借金、浮気、酒癖が悪い、暴言や暴力をふるうなど、いろいろありますが、それで家庭が壊れて、家族のメンバーがバラバラになって、独自の道を選ぶしかなくなったら、その運命を活かして、お互い理想の道を選び、迷惑をかけ合わないようにする距離を保つことが、その家族にとって正しいあり方なんだと思います。

親が子を傷つけ続けていると、ある時点で子は離れていこうとするでしょう。でもそれは、親不孝ではありません。**親に傷つけられないように離れてあげる**、親切な行為だと思います。

親からひどい仕打ちをされても、それでも親子らしい付き合いをしたいと努力をされる方もいますが、子にひどいことをする親は、一生そのまま改心しない人が多いと思います。親を責めても何も変わらないことが多いですから、親から早く離れてあげて、それを申し訳ないと思わなくてもいいのです。子が親から離れていくのは、親にその原因があると思われます。

親と離れられない場合、魂の自立をしましょう

子を傷つける親からは離れるのがいいとはいえ、誰もがすんなり離れられるわけではありません。

親子呪縛で自分が苦しんでいることに気がついていても、いきなり独り暮らしを始めたり、他府県や海外に移住したりするのは難しいですし、親から離れれば、直接的に向き合う時間は減りますが、それだけで親子呪縛が浄化されるわけではありません。

まずは親と魂的に距離を置けるようになりましょう。**実際に離れて暮らすことが無理でも、まずは魂的、精神的に親から自立し、距離を保ちましょう。**

魂的に自立することで、自分のアイデンティティーを親と切り離すことができます。

親と経済的につながっている人は、親が嫌いでも切り離せませんから。

経済的に自立しないと、魂的に自立するのは難しいでしょう。お金のために我慢するか、お金は捨てて自由になるか。お金のためにタテマエで親とつきあいながら、魂

的に距離を保つか。そんな選択をしなければいけない人もいるでしょう。

毎日顔を突き合わせて、日々の細かいやりとりの中で、親子呪縛の摩擦を、こまめにチョコチョコと浄化していくしかない人もいるでしょう。毎日親子呪縛と取り組むのは大変でも、**親から離れてしまうと、親と衝突する「悪い思い出」もできなければ、日々のやりとりの中で生まれる「チョットしたいい思い出」もできません。**

親と同居していると、親のルールに従ってあげないと、それで喧嘩になることがあると思うのです。親は自分が家の主だと思うでしょうが、子どもはいつまでも親の支配下で生きたいとは思わないものです。

親子の間でも互いを思い合って、尊重し合える関係を築くためには、子も独自の判断ができるようにならなければいけないのです。

親の都合に子を従わせる関係や、子を優先して親が犠牲になる関係を避けられないことも多いでしょうが、子が親にふりまわされたり、親が子にふりまわされたり、という親子間の影響力のバランスの悪さを改善していくのも親子呪縛浄化です。

子どもは親の間違いを正すために生まれてくる

私は、「子は親の間違いを正すために生まれてくる」とさえ思うのです。そして親が何を間違ったかは、子の観点から判断されることです。

親が子を傷つけるとき、「知らずにやってしまっている」ことも多く、本人に自覚のないことを責めても、全く聞く耳を持たなかったりしますし、逆にキレられたり、説教されたりすることもあるでしょう。それどころか、自分の間違いを正当化して、「親の言うことを聞いていればいいんだ！」などと感情的に暴言を吐くこともあります。これも親子呪縛の悪循環の典型的なパターンの一つです。このパターンが解除されなければ、親子関係の洗浄ができませんね。

親に傷つけられたと自覚する子は、「親に傷つけられない」ように工夫する必要があります。どんなにひどいことを言われても、魂を傷つけられないように。これは親に傷つけられることを我慢するのではなく、親が子を傷つけるという罪を犯さないように手助けしてあげる、といったイメージでいてください。

もし子が親の「犠牲」になっていたとしても、子は親の影響に「犠牲になったまま」ではいけないのです。子は親の犠牲にならないのが、親孝行だと思います。

親が呪縛に気がついて浄化しようとしても、呪縛の原因は「親のあり方そのもの」ですから、一般的に子よりも20年以上先に生まれてきて、自己が出来上がってしまっている親のあり方を、大きく変えることは困難です。

親に変わってほしい、と思いたくなるのもわかりますが、**親は変わらない、変えるのはほぼ不可能だと覚悟したほうが、浄化に取り組む心構えがしやすい**と思います。**親の間違いをどうやって正すか。まずは自分が同じ間違いを繰り返さないようにすること**だと思います。そして、本来どうあるべきなのか、子が見せるのです。

親の考えが改善されるのは奇跡だと思っていいと思います。それでも、大反対された結婚や進路が成功してはじめて親がその態度を軟化させたり、理解を示してくれるようになる例は意外と多いものです。

自分の道をあきらめずにいてください。「親が間違っていることを正してやる」という意気込みで自分の目標に取り組むことで、「絶対、負けられない」という大きなパワーが生まれるでしょう。

親に立ち向かう意地。それほどの強みは他にないと思います。そして、それが奇跡を起こす原動力となるのです。

親が間違いだらけで、親子呪縛の浄化が難しいとき、子としてやってあげられる親孝行の最後の手段は、「どんな親でもその生き方とその人生を讃えてあげること」です。どうしようもない滅茶苦茶な親でも、親の人生を認識してあげられるのは、子だけだと思います。**親の間違いを許すのではなく、間違いだらけの親から解放されるために、自分に対して間違っていた親を責めるのを放棄するという感じです。**

たとえ親のやったことが90％間違っていたとしても、10％は正しいことを教えてくれたかもしれません。たとえ親が１００％間違っていて、何も感謝することがないという場合も、親から離れることで、ゼロから自分の人生に感謝できるようになるでしょう。

親はいてもいなくても、子どもの人生に影響する

人生は、その人の両親の人生に起こったことすべてに影響されています。

そして、親がいない場合も、その不在であることに影響を受けてしまいます。そう考えると、親という宿命に自分の限界を定められているかのような、無力さを感じるかもしれませんが、それを乗り越えるのが親子呪縛の浄化です。そのプロセスがそのまま人生の達成感や幸せにもつながります。

とはいえ、子の立場から親を責めることに対する罪の意識が出てきます。自分を産み育ててくれた親が、諸悪の根源にもなりうることを指摘する「申し訳なさ」をどうやって中和するかというのが、私が親子呪縛について書くに当たっての難関となっていました。

私自身は親子呪縛に取り組んできて、親の間違いや、親に起こった不幸の根源を追究して、それを客観的に理解しようとすることで、親に対する憤りを鎮めることができました。さらには、どんなに不運続きの人生であれ、親の人生の結果として自分の人生があることに、１００％感謝できるようになりました。

これは、毎日親子呪縛を浄化する努力を積み重ねることで、「本来あるべき理想の姿」について、考えさせられたからでしょう。客観的に親を観ることで、自分の本質、強さ、弱さなどの由縁を確認できたからだと思います。

親に起こった不幸、親の失敗、間違いなどに自分が巻き込まれたとしても、それは自分のせいではない。自分がやるべきことは、それを正したり、浄化したり、断ち切ったりすることなのだと思えたら、親のネガティブな影響があったからこそ達成できる、進化した自分を目指せることに、ありがたさを感じられるようになったのです。

もちろん、それには長い年月がかかりましたし、自分自身、人生の大変さを経験したからこそ、わかるようになったことです。しかし、私のように遠回りをしなくても、親子呪縛の悪影響から解放されるには、子がその浄化作業の必要性に早いうちから気がつけばいいのだと思います。

世の中は基本的に「改善」されることで営まれています。

すべてのサービスや物品は、何かを改善するために開発されているように、親子呪縛の浄化も、人として進化するために、より改善された自分になるために、必要なことなのだと思います。

そしてその経験を使命として活かせるとき、人として最高の目標を達成できるのだと思います。

親の存在がなかった人は、親がいなかったことは「闇」でも、どんな親にもあるマイナス面に接していないぶん、親の闇の影響が軽減されているかもしれないと考えてください。

親から受け継いだ、その闇を光の場所へ奉納しましょう

「思い返せば、あの頃の自分は暗かった」

そんな時期があったでしょうか。人生ですっぽり闇に包まれてしまったような気持ちになることがあったら、それを光の世界に還元するイメージをしてみてください。自分が闇の中から、光の中に移動するイメージをしてください。

光の世界に足を踏み入れると、これまで見えなかったことが露《あら》わになって、問題視していなかったことが、自分の大きな妨げになっていることに、気がつくかもしれません。グチャグチャのまま放ったらかしにしていたところや、目の届かなかった細かいところに、自分の可能性を阻む原因があるかもしれません。

子は親の闇を見て育ちます。この親の闇というのは、親の持つあらゆるネガティブな感情です。不安、悲しみ、ストレス、怒り。親の闇の中で育った子が、それが闇だ

と知らないまま、闇を当たり前だと受け入れてしまうこともあります。この闇から逃げ出すように、現実逃避をする親もいます。自分の闇に子を置き去りにして、死なせてしまう親もいます。

自分の道が闇に閉ざされていると感じたら、まずは自分が魂的にその闇から出ましょう。**人は魂的には自由自在です。最悪の状況にいても、魂だけは解放できます。魂だけは光の世界に行けるのです。**

親が悲しみや苦しみから解放されない限り、子はそれに影響され続けることになります。しかし親が魂的に癒されるのを待っていては、子は一生親の闇に影響されたままの人生になってしまうかもしれないのです。親の闇に影響されないようにしてあげるのも、親孝行です。まずは子が光の世界に移行すれば、親もそれを追って光の世界に移行できるかもしれません。

親のあり方に疑問を感じたら、本来どうあってほしいのかイメージしましょう。親の想像をはるかに超えた夢を追い続けてください。親が抱え込んでいる闇とは反対方向へ、ひたすら進んでください。親に闇を見せてもらったおかげで、自分は迷うことなく光の世界に向かって行けるのです。この光の世界とは、自分のネガティブな感情が浄化される世界です。

　自分の幸せを親に奪われないこと。親から与えてもらえないことより、親から奪われることの方が子にとってはつらいのではないでしょうか。魂的に親に蝕まれることは、一番つらいことだと思います。自分の清らかな魂を守ってください。


　すっぽり闇に包まれたような気持ちになったら、まずは身体を休めましょう。

　疲れたら、こまめに休むことを心がけながら、いつも光の世界にいることを意識してください。天から降り注ぐスポットライトを浴びているイメージをしてください（次ページの「魂に光を入れるイメージ習慣」参照）。

　自分から闇に居続ける選択をしなくてもいいのです。その闇を光の世界に奉納するイメージで。闇で学んだことを、光の世界で活用するイメージで。自分が経験した苦しみは、他の人を助けてあげるきっかけにできます。そしてそれが、人の使命だと思います。

コラム

魂に光を入れるイメージ習慣

人は闇の中に居続けると、知らないうちにうつになります。この闇から出るには、魂的に光の世界に移行しようと決めればいいのです。

私は精神科医ではないので、うつの仕組みについての説明はできませんが、魂リーディングを通して、うつ的なエネルギーに触れることがよくあります。ですからそれに影響されないように気をつけています。

独身の頃は、金曜日〜日曜日に、リーディングを朝から晩までやって、月曜日から水曜日までは、他の仕事や用事がなければ、カーテンを閉めたきり寝込んで、木曜日にようやく人間らしい気持ちが戻ってくる、そんな日々でした。今は子どももがいて、主婦業もあるので、生活を放ったらかして寝込むわけにはいきませんので、睡眠時間をしっかりとることや気分転換をすること、アロマや入浴などで、エネルギーの入れ替えをすることで、気分が重くなるのを癒しています。

肉体的に疲れ切っているときは、ふだん前向きな人でも落ち込んだり、うつっぽくなったりすることがあるでしょう。

親が慢性うつの場合、自分も似た傾向がないか気をつけてください。そして、うつっぽくなったら、どうやって解消するか、自分に合った方法を見つけてください。

私は、リフレッシュのためにキャンドルやアロマオイルを焚きます。気持ちが晴れないときは、ゆっくりシャワーや入浴をします。そしてしっかり寝ます。お酒を飲むと疲れが残ってしまうので、ハーブティーや緑茶を飲むのが好きです。蜂蜜を入れたホーリー・ベイジルのお茶やカモミール、ジンジャー、ローズ、ミント、ラベンダー、スパイスたくさんのルイボス・チャイ、ターメリック・ラテなんかも大好きです。お抹茶をいただくのも、気持ちがスッキリします。

そして光の世界に入る瞑想をします。静かな場所や遮光した真っ暗な部屋の中で、目を閉じて、自分の中の闇に煌々《こうこう》と眩《まぶ》しいくらいの光を注ぎ込むイメージをしてください。ゆったりと横たわって、瞑想します。そしてその光に満たされたまま眠ってください。座った姿勢でも大丈夫です。食べるものにも気をつけて、身体を疲れさせる食べ物、消化しにくいものや、添加物の入っているものを食べないようにします。

自分が愛情を注ぐ先をちゃんと持つことも大切です。情熱を持てることに没頭してみてください。そして自分を愛してあげてください。自分のために、自分の気持ちが晴れ晴れとすることを、毎日積み重ねてください。

そうやって毎日前向きに楽しく過ごす努力をしているうちに、それが習慣になります。魂に光をどんどん入れるイメージで暮らしていたら、親がどんな暗闇にいても、それに影響されにくくなるでしょう。そのうち親もうつを解消する習慣を身につけて、明るく過ごせるようになってくれるといいですね。

親自身もまた、その親に苦しめられていた、と気づいてあげてください

悪い親子関係は、子が親から自立した後も、社会に出た後も、職場での人間関係、恋愛、結婚、経済観念など、あらゆることに悪影響をもたらす原因になります。

親子呪縛は、すべてのネガティブな物事の因縁の連鎖です。

まるでフリーズドライな状態と表現するのがピッタリな感じの、ただ生活だけが回っている、そんな親子関係の原因を辿ると、親に性格の問題があるとか、大きなトラウマがあるなど、親自身が愛情に満たされていないことが多く、夫婦の仲が愛情不足だったり、親自身が過剰に厳しく育てられて、あたたかい愛情のこもった親子のやりとりを体験できていないことが原因だったりします。

親からもらったネガティブな体験や思考、親への怒り、歪んだ愛情のやりとり、親子と兄弟姉妹間の嫉妬、愛情もコミュニケーションもない関係、金銭的に苦しめあう関係など、親子がお互いを苦しめる状況が、雪だるまのように膨れ上がっていく。そ

れが改善されないまま繰り返されて、何代にもわたって苦しめられる。そんな**「親子呪縛の悪循環」**という関係が確かにあります。

親自身もそれに苦しんでいたのでしょうか？

苦しくてもどうにもできず、同じようなことを自分の子にしているのでしょうか？

あなたもまた、その関係性の中に、ずっと留まっていることを選びますか？

この悪循環が次の世代に受け継がれていくことを、どう思いますか？

子は自分のためにも、親のためにも、世の中のためにも、その悪循環を浄化する役目や能力をもらっていると私は思います。

たとえ子が親を変えることはできなくても、子が進化して親とは違う生き方をすることで、親子関係が変わって、呪縛を浄化していくことができると思うのです。親の影響が届かないところで、独自の進化を遂げることで、その関係を変えていくということです。

親に苦しめられたことや、親に認めてもらえなかった悔しさをバネにして成功する人はたくさんいます。そして子は自分の幸せをつかんだら、親の不幸を浄化してあげるのが理想的です。

「自分はあんなに苦しめられたのに……？」と思うかもしれませんが、その親の中には、先祖代々の無念さがあると思うのです。これを浄化できたら、魂的に最高の達成感を得られるでしょう。自分がどんなに成功しても、親が不幸だと、その闇がついて回って、人生に影ができてしまいます。親が与えてくれなかったものを、子が親に与えてあげられたら、その親子呪縛は浄化されるでしょう。

コラム

不運と幸運は循環しています

運は上がれば下がるものです。悪いことが重なることが誰にでもありますが、そんなときは、「不運を消耗している」「不運を納めている」と思えばいいと思います。不運のポイントを10個貯めたら幸運がもらえる、そんな感じです。私自身も、悪いことが重なったときは、「生きてるだけで幸せ」「不運は身代わり」「不運を使い切ってしまおう〜」と前向きに考えることにしています。すると、朝からずーっと悪いこと続きだった日でも、最後には何かいいことが起こります。運もエネルギーですから、体力と一緒で、上がってばかりでは、身体が壊れてしまいます。必ず下がって、休養して、また上がっていくのです。幸運は人と分け合うためにあります。そうすると、ヨーグルトの株分けのように、どんどん増え続けていきます。なので、ハッピーなこと、ラッキーなことがあったら、他の人とすぐに共有して、どんどん膨らましていくようにしましょう。

魂を育ててくれる〝魂の親〟がいます

親が事業に失敗した、離婚をした、不倫をした、親として尊敬できないことを、たくさんやってきた。親が失敗したからといって、それは自分の失敗ではありません。親の問題であり、子はそれに負の影響を与えられ、困難をもたらされることがあっても恥じることはありません。子には子の独自の人生があるのですから。

それによって鍛えられ、自分の人生をより豊かにしていくために、思いきった行動に出る勇気や勢いも得られるのです。

まずは自分が親の間違いを繰り返さないこと。そして親から距離を置いてあげること。近寄らなければ犠牲になることもありません。そして誰か他に人生の良いお手本を示してくれる、魂の親分を見つけてください。産みの親には確かに命と身体はもらったけれど、魂を育ててくれる親は、他に見つけることができます。これは魂的な志が共有できて、自分があるべき姿、自分がやるべきことを確認させてくれる人です。直接知らない人でも、その人の生き方に感銘するところがあれば、お手本にすればいいのです。

私は、**すべてのネガティブはポジティブの始まり**だと考えますので、親子呪縛も何かが変われば、ポジティブに向かっていくきっかけに転換できると信じています。

人には窮地に追い込まれたときにしか出せないパワーがあります。苦境に立たされた者だけにしかわからない観念や価値観があります。親が失敗から立ち直った場合は、その姿に勇気や尊厳、何があっても立ち直れる、不死なる魂を実感することができるでしょう。親が失敗から立ち直ってくれない場合、自分はそうならないようにと、新しい生き方に取り組めるでしょう。

親の死。そして、親子呪縛が清算されるとき

あるお友達のお母様が、「子どもなんて、親が死んでからしか、親のことなんかわからないのよ。私だってそうだったもん」とおっしゃったのです。

「親孝行したいときには親はなし」というコトワザがありますが、親が亡くなってから、「もっと気持ちを聞き出しておけばよかった！」「意思の疎通ができなかったけど、もっと近寄って、しつこくストレートに聞けばよかった！」「積極的に教えてもらっておけばよかった！」と、疎遠だった親に対して思う人もいるでしょう。

私の祖父母なども、同じ屋根の下に暮らしていても、祖父との会話は一切なし。祖父は仕事に行っているか遊びに行っているかで、ほとんど家にもいませんでした。

それでも、「たった一人のお母さんだから、大切にしなさい」「人生欲張ったらアカン」とだけ言い残していってくれました。人生で祖父と喋った言葉は、これだけ。あとは「ああ」「はい」みたいな受け答えのみ。そういう世代の人だったのです。

しかし、これらの言葉は人生の教訓として私の脳裏に刻み込まれています。

生前、子を振り回してばかり、苦労をかけっぱなしで、ありがとうの言葉もなかった親が、亡くなってから知人を通して、子に感謝していたという話を聞くようなケースはよくあります。そうなると子は、「それに気がつかなかった自分はなんて愚かなんだ」と思わされます。そして、親に対する愛情や感謝の気持ちが出てくるのです。

実際に、一切お礼なんて言ってもらえなかったのに、**感謝してくれていたと間接的に知らされて、それで一生涯の親子呪縛が清算されることもあります**。これは、親が一生懸命に生きた、その背中を見ていたから、清算されるのです。親が亡くなってから、子には見せなかった一面を知ったり、いつも一緒にいても以外と親のことを知らなかったり。親と子の接触の仕方が、近いようで偏っているのが、よくわかります。

親子呪縛は、親が亡くなった時点で、親の呪縛浄化の義務は天に返上され、子に残された影響は、子が自分で浄化するしかありません。

私自身も、自分の子どもたちがどれくらい私や夫のことを知っているかと考えると、知らないことだらけなんだと思います。日々、目の前にある「やらなければいけないこと」に追われ、時間に追われながら日課をこなし、そのやりとりだけで1日が終わってしまう。自分の知るすべてを子に教えるチャンスなど、ないままです。自分の親からも、もっと教わっておけばよかったことが、たくさんあるはずです。

生きているうちに仲良くできればよかった、と思わなくていいように。後悔しなくて済むように。他人ではできない、子の立場でしかできないことはなんでしょうか？もっと親の気持ちを聞き出すとか、親の経験について語ってもらうとか、それを書き留めたりするべきなのですが、子は自分の将来ばかりを気にして、未来ばかりを見て、親という自分の歴史を振り返らないものみたいですね。


私自身の体験としては親が亡くなった時点で、自分の地盤をごっそり失ったような喪失感がありました。当たり前にあった足場を失って、自分がとても儚い存在のように感じました。自分の人生の基盤を作るために、独自のアイデンティティーを確立するために、どんどん親から離れていったけれど、いつも親がこの世に実在しているという、自分の命の源を確認できる安らぎに守られていたことを、親が亡くなるまで気がつきませんでした。親が実際にこの地球上に息をして存在してくれるのと、そうでないのは大きな違いがあります。

いつも当たり前のようにいてくれた親が、いなくなってしまう。これは父を失ったときにも母を失ったときにも感じたことですが、自分の存在を証明していた人物が、この世の中からいなくなってしまう喪失感は、自分がまるで宇宙に放り出されたような、そんな孤独感に似た感覚がありました。

魂的には自分の命の火の種を失い、親子間の苦悩などどうでもよくなって、自分は一体なんであんなに葛藤していたのだろう。私も母も、そして遠い昔に先立った父も、この世に生まれ、ただ一生懸命生きてきただけ。毎日を一生懸命生きる幸せを、ひたすら感じ続けることが、人の幸せじゃないか。今日も一日元気で過ごせて良かったね、と感謝し合える幸せがあれば、他のことはどうでも良かったのに……と思いました。

親子呪縛は確かに人を苦悩させます。親と子の関係がある限り、摩擦もあり葛藤もあり、苦悩が生じるのですが、人生の終わりには、そんなこと、どうでもよくなることを実感しました。そしてこれは誰もがわかっていながら、寛容になれなくて、いろんなことに執着してしまうのです。

この経験から、自分の子には、小さなことで悩まないこと。大きなことにも、そんなに悩まないこと。人生はなんとかなればいいし、なんとかすればいいと考えること。そしてなんとかなると信じることを、しっかり教えようと思います。そういう結論にたどり着いたのが、私自身の親子呪縛浄化の成果です。

人生ですべきことは、親との課題を乗り越えて「自分を完成させる」こと

人が一生涯求め続けるもの、追い続けるもの、極めようとするものは何でしょう？究極の幸せに必要不可欠なものは何でしょう？

心の安らぎ、心配なしに生きられる安定感、一生お金のことを心配しなくてもいいほどの財力や安定した仕事、安泰な人生を支える名声、権力、健康や体力の自信、愛し愛されている実感など、これがあれば幸せになれるはずだと思えるものは様々です。

ですが、**究極これがなければ人は、自分の人生に納得できないというものがあって、それは自分が納得できるアイデンティティーの確立です。**

自分が望むアイデンティティーは、自分の進化とともに、変わっていくものでもあります。それを完成させるために、人は人生において試行錯誤をするのだと思います。

自分が誰で、何をする人なのか。自分を証明するアイデンティティーが、自分が望む生き方に合っていて、それを自分も実感できるし、まわりの人にもわかってもらえる。

それが完成された自分を生きるということだと思います。

自分の理想に向かって完成されていくと信じられる、そんな生き方をしていると感じられるのが究極の幸せで、これがズレていると、いくら生活が安定していても、「このままでいいのだろうか？」と、何か満たされない気持ちになるのだと思います。

たとえば、経済的に安定した優しい夫と、幸せな結婚生活をしていたと思っていたのに、それでも自分の人生に満足がいかない。それは、その夫の妻であるというアイデンティティーだけでは、自分が満足できなくなったからです。夫がいかに地位も名声もある人でも、その妻であるというアイデンティティーだけでは満足できなくなる。

またはパートナーのアイデンティティーは確立しているのに、自分には何もない。自分の存在感がない。そう思ってしまう人もいます。この**アイデンティティーというのは、その人が自分のために選んだ生きる道を、歩めているかどうかです。**それはいろんな経験が融合されて完成されていくものですから、人それぞれユニークです。

親はまず子の将来が安定することを望みますから、そのためのアドバイスをしてくれるでしょう。

しかしこれは、親が考えられる範囲内のアドバイスです。親が子のアイデンティティーを見出したり、確立したりすることはできないと思います。親にしても、子の可能性がどう開花するのか、子が何を求めるようになるかは、子がある程度大きくならないと、わからないでしょうし、子も自分は何をしたいのか、決められるようになるまでに、時間がかかります。

もちろん2歳のときから歌手になりたかったというスターや、8歳でデビューするバイオリン奏者など、幼少の頃から自分が好きなことと才能と、それを育む環境が揃っている人もいますが、親が知らない世界を目指そうとする子を、サポートできない親もいますし、それに反対する親も多いのです。

子の夢が大きく、親の想像を超えるものだと、親もどうやってそれをサポートしたらいいか、わからないでしょうし、信仰、ジェンダーなどをはじめとする様々な観念など、子が選ぶ生き方を親が理解できなくて、ただ反対するだけになってしまうこともあります。それが子の可能性に施錠してしまうことになります。

私が長年直観で人の人生を観てきて思うのは、自分の中に湧いてきた未来のイメージは、少なくとも実現する可能性があるから「観える」ということです。本当にそうなるから観えるのか、ただ自分がそうしたいと望むから観えるのかは、その人の行動次第のことが多いです。

ですから、親には観えないものでも、親が想像できない世界でも、子がそれを信じて、親に施錠された可能性の扉を開いて、自分で選んだ生き方に徹すれば、「自分のアイデンティティー」を完成させる生き方ができるでしょう。それがどんなにチャレンジングでも、どんなに不安定でも、自分の求める世界に棲んでいると実感できる人は、最高に幸せだと思います。

私たちが生まれたときに、親から受け継ぐアイデンティティーは、「誰が親で、誰の子であるか」なのですが、どんな人になっていくかは、子が選択するべきだと思います。健全な親は、できるだけ与えられるものを、子に与えようとするでしょう。自分の持つ知識、技術、事業を子に継承させるために、環境を選び、子の人生が豊かになることを願って、人生の選択肢が広がるように導こうとするでしょう。

親から職業を受け継いだとしても、子は時代の変化に合わせて、それをさらに改善していかなければいけなくなります。親は自分が経験して学んだことを教えてくれようとするかもしれません。しかし、子の人生には親が与えてくれるもの以上に、それを改善してさらに展開していく、新しい可能性があるのです。

「自分を完成させるために、親から与えられたよい部分を活かし、悪い部分を取り去って、新しい自分を足す」

私たちは、本当の自分、完成された自分になるために親元を離れたり、恋愛をしたりします。親とは違う影響を与えてくれる人の存在によって、親が与えてくれたこと、与えてくれなかったことのすべてを得ようとします。

親子呪縛が原因の自分の弱点を知って、それを補うことで、人生の完成度が高まっていきますし、本来どう生きるべきなのかも観えるようになるでしょう。恋愛や結婚などもそうです。親との関係に欠けているものを、恋愛や結婚で手に入れて、バランスのとれた完成された自分になっていくべきなのです。

こうして一生かけて、親との課題を解決する。親の色がついている自分の魂を自分色にして、それをさらに磨き上げて透明にしていく感じです。

この親から与えられた課題によって、独自のアイデンティティーが確立できたときに、私たちは私たち自身の輝きを増し、親のための人生ではなく、自分の人生を歩きだせるのです――。

おわりに

複雑に絡まってしまって、解くことのできない親子関係。この暗黙の了解として隠蔽されがちな因縁と、その悪影響にスポットライトをあてて、親子呪縛浄化のきっかけにしたい。この本はそんな使命感で書きました。

私の母の世代の家族たちは、見事にみんな親子呪縛を、そのまま墓場に持っていってしまいました。全部自分たちで親子呪縛を抱え込んだまま、解決しないまま、そのまま丸ごと。まるでそれが人としての礼儀であるかのように。

しかし、この本を編集する最後の段階になって、彼らが出てきました！（笑）

地下室の物置部屋の片隅に落ちていた、お墓まいりの写真を夫が発見したのです。それも、その写真だけなぜか、アルバムから抜け落ちていたのです！　母の四十九日に、祖父と母、そしてご先祖様が眠るお墓の前に立つ私と、今は亡き叔父と祖母の写真。今思えば、私の母、叔父、そして祖父母、全員が親子呪縛に悪影響を受けていました。それは戦中戦後の時代も影響しています。全員が度重なる不幸で家族関係が崩壊した生い立ちだった人たちです。全員が生き残りをかけて、命からがら生き延びた経験をしていて、自分が生きていくことに精一杯だったのでしょう。
私が子どもの頃、そんなことに全く気づかなかったことが悔やまれますが、これは仕方ありません。この本をまとめている今、こうやって彼らが出てきたということは、私に何か言いたいのでしょう。ご先祖様に怒られるのを覚悟で書いていますから、世の中を改善するために、親子呪縛から解放される人のお役に立てるように、家の恥をさらすのではなく、彼らの人生を讃える意味で、書かせていただいたことを、了承してもらえるよう願うのみです。

親子呪縛の影響で、その次の世代の私や親戚たちはバラバラになりました。これは複雑な親子呪縛の難を逃れて育った私の子の世代が、浄化された関係をゼロから築き上げてくれることで修復されるのかもしれません。

最後に、強烈な親子呪縛をくれた私の母に、この場をお借りして感謝したいと思います。「お母さん、あなたはやっぱりすごかった！」この言葉がピッタリです。「自分を邪魔するのは母」くらいに思っていた時期もありましたから、自分がこう言えるようになったことも驚きです。今でも要所要所で母の偉大なる影響力が発揮され、彼女の一見破茶滅茶ながら、それでもベストを尽くしてくれた人生なしには、この親子呪縛に気づけなかったのも確かです。

私が親として大失敗を犯しても、「あなたの世代で何とか浄化しなさい」と子に言い放ってしまうのもアリかな？　なんて思えたりもします。

クセ者親、ネガモン親（ネガティブ・モンスター）、問題児がそのまま親になった人たちの子に生まれてしまった人こそ、自分の人生は親とは切り離して、正しく自由に生きるべきだと思いましょう。呪縛をかけてくる親に当たった人ほど、自由に生きるチケットをもらったようなものです。

私は医者ではないので、医学的な視点での親子呪縛のカラクリは書けませんが、誰もが多かれ少なかれ抱える親子呪縛から生まれる日常の生きづらさ、息苦しさに悩んでいる、まじめに生きている人のために魂的な視点から本書は書いてみました。

この世の中で一番ドロドロしている関係が「親子呪縛」。親子は切っても切れない関係で、愛憎が絡んでしまうからドロドロしてしまうのでしょうね。

しかし、「このドロドロした親子関係を浄化しなければ！」と自覚する頃には、すでに何十年という月日をかけて塗り重ねられた、ドロドロの親子呪縛の壁や、親子呪縛思考迷路みたいなものが出来上がっていて、自分はその中にドップリ浸かった状態だったりするのです。

そうやって長年かけて出来上がったものは、ちょっとやそっとの浄化では、一掃できないでしょう。地球の環境浄化と同様に、どこから手をつければいいのか、はじめは困惑するかもしれません。親子呪縛浄化は無理とあきらめる人も多いです。それでも未来を考え、地球の環境浄化に取り組むのと同じように、「親子呪縛浄化は不可能なことではない、人の幸せに必要なことだ」と信じて浄化活動を日々心掛けると、効果が現れてくるでしょう。子は親が抱えた闇に光を注ごうとするものだと思います。

私も親子呪縛について書く作業そのものが本当に重苦しくて大変でした。それを読みながら浄化できる本にしたいという願いを叶えてくださった、青春出版社の手島さんをはじめ、関係者の皆様に大感謝いたします。今回も、皆さんの凄腕プロフェッショナリズムと、魂の透明さに支えていただきました。

私はこの親子呪縛について書き続けて、やっと亡き母のいいところだけを思い出すようになりました。そのおかげで、「お母さん、もっと長生きしてもらえたら、もっと理解し合えたかもしれないのに」とさえ感じられるようになりました。

実際には、そう簡単に親も子も、お互いのために天使になれないことがわかってい
ながら、そう思えるようになったことに感謝します。

現在、親子呪縛バトル中の皆さん、親の介護中の皆さん、つらくても、自分のでき
る限りを尽くせば、必ず後で納得できます。「申し訳ないけど、あれでベストだった
んだ」そう言えるのが最高です。何をやっても無力に感じたとしてもです。

今回の人生、親子呪縛に悩まされたまま、終わることがないように。読者の皆さん
が、親子呪縛から解放されるように。そんなお役に立てましたら幸いです。

最後に、こんな私の子に生まれてきてくれた息子たち、そして夫に深く感謝します。
見事なまでに親子呪縛の上に成り立っている私の人生、これからも浄化作業に精進し
ていきたいと思います。

Special thanks to my husband Kenny and my sons Michael-Akira and Julian-Kenji.

I'm so blessed to have you in my life.

I love you - Mayumi

遠慮しなくていい
謙遜しなくていい
自分はやれると信じればいい
誰とも比べないで
自分の道を歩めばいい

（カバー下部の英文訳）

子どもにとって両親は絶大な影響力があります。

日本の古いことわざにある「親の背を見て子は育つ」。

これは、子どもは親のすべてを学びとるということ。

本書は、子どもの頃に親から何を学んだか、

大人として、そのネガティブさを制限して、

ポジティブさを強化することについて考え直す本です。

著者紹介

原田真裕美　大阪出身。7歳で父親の死を予知した時から、予知能力、霊とコンタクトする能力、過去や前世を透視する能力などに気づく。86年に渡米。セラピー的な効果のあるリーディングが特徴で、NYを拠点に世界各国からの依頼を受けている。

75万部突破のベストセラーとなった初の著書『自分のまわりにいいことがいっぱい起こる本』(2003年)は、2019年に同タイトルで文庫化。ほか著書多数。

生まれた瞬間から一生つきあうことになる親。親は人生最大の課題であるがゆえに、直面する問題はすべて私たちが幸せに暮らすためのレッスンでもあります。では、どう生きるべきなのか？ をあなたと共に考えるのが本書です。

自分《じぶん》の中《なか》の「親《おや》」を浄化《じょうか》する本《ほん》

2021年1月1日　第1刷

著　　者　原《はら》田《だ》真《ま》裕《ゆ》美《み》

発行者　小澤源太郎

責任編集　株式会社 プライム涌光
電話　編集部　03(3203)2850

発行所　株式会社 青春出版社
東京都新宿区若松町12番1号 〒162-0056
振替番号　00190-7-98602
電話　営業部　03(3207)1916

印刷　中央精版印刷　製本　フォーネット社

ISBN978-4-413-23183-1 C0095